三游洞摩崖题刻加固保护工程

SANYOU DONG MOYA TIKE JIAGU BAOHU GONGCHENG

主　编　向俊峰　李　青
副主编　刘予兵　胡丽萍　董　明
　　　　熊恩慧　石金山　周仕礼

图书在版编目(CIP)数据

三游洞摩崖题刻加固保护工程/向俊峰,李青主编;刘予兵等副主编. —武汉:中国地质大学出版社,2024.11. —ISBN 978-7-5625-6047-0

Ⅰ. K877.494

中国国家版本馆 CIP 数据核字第 2025RA5599 号

三游洞摩崖题刻加固保护工程		向俊峰 李 青 主 编
		刘予兵等 副主编
责任编辑:谢媛华	选题策划:谢媛华	责任校对:徐蕾蕾
出版发行:中国地质大学出版社(武汉市洪山区鲁磨路388号)		邮编:430074
电 话:(027)67883511	传 真:(027)67883580	E-mail:cbb@cug.edu.cn
经 销:全国新华书店		https://cugp.cug.edu.cn
开本:787mm×1092mm 1/16	字数:378千字	印张:14.75
版次:2024年11月第1版	印次:2024年11月第1次印刷	
印刷:武汉中远印务有限公司		
ISBN 978-7-5625-6047-0		定价:98.00元

如有印装质量问题请与印刷厂联系调换

前　言

三游洞历史悠久,自唐代以来,众多文人墨客在此题诗作赋,形成了丰富的文化遗产,具有重要的历史、艺术、社会和科学价值,是研究古代文学、书法艺术和地质学的重要场所。由于长期自然营力和人类活动的影响,三游洞岩体产生了严重的环境地质病害,危岩体和水害问题突出,对文物的长久保存和游客安全构成了威胁。如何科学保护这一珍贵的文化遗产,延续其历史、艺术、社会与科学价值,成为当代文物保护工作者的重要使命。

本书基于"三游洞摩崖题刻加固保护工程"项目成果,系统介绍了三游洞摩崖题刻从地质勘察、病害调查到加固保护工程设计与实施的全过程。全书共分为 8 章,第 1 章概述了三游洞的历史沿革与文化价值,揭示其作为全国重点文物保护单位的独特地位;第 2 章深入分析了三游洞地质条件与水文环境,为病害治理提供科学依据;第 3 章详细剖析了三游洞危岩体与水害的成因及其对文物的破坏机制;第 4 章至第 7 章聚焦三游洞摩崖题刻加固保护工程的设计理念、施工技术与监测管理,展示了传统工艺与现代科技的融合创新成果;第 8 章总结了三游洞摩崖题刻加固保护工程经验,可为同类文化遗产的保护提供参考借鉴。

在此,谨向参与三游洞摩崖题刻加固保护工程的全体人员致以最诚挚的谢意。感谢中国地质大学(武汉)、北京国电水利电力工程有限公司等单位的专家团队,他们的专业精神与辛勤付出是三游洞摩崖题刻加固保护工程顺利、圆满完成的基石;感谢三游洞文物管理部门的大力支持,他们为保护三游洞摩崖题刻加固保护工程顺利开展提供了坚实保障。

文化遗产的保护是一场与时间的赛跑,我们深知本书仅是这一漫长征程中的阶段性总结,期待未来能有更多学者、工程师与实践者加入其中,以科学的态度与创新的思维守护人类文明的共同记忆。

限于著者水平,加之时间仓促,书中不足之处在所难免,敬请读者批评指正。

著者

2024 年 8 月

目 录

第1章 三游洞概况 …………………………………………………………… (1)
  1.1 简介 ………………………………………………………………………… (1)
  1.2 历史沿革 …………………………………………………………………… (2)
  1.3 价值评估 …………………………………………………………………… (3)
  1.4 保存现状 …………………………………………………………………… (5)

第2章 工程地质条件 ………………………………………………………… (6)
  2.1 地形地貌 …………………………………………………………………… (6)
  2.2 区域地质 …………………………………………………………………… (7)
  2.3 题刻区工程地质条件 …………………………………………………… (10)
  2.4 题刻区水文地质条件 …………………………………………………… (20)
  2.5 水的腐蚀性 ……………………………………………………………… (24)

第3章 题刻区病害类型及成因 …………………………………………… (26)
  3.1 水害 ………………………………………………………………………… (26)
  3.2 危岩体 …………………………………………………………………… (52)

第4章 加固设计方案 ………………………………………………………… (69)
  4.1 加固目标 ………………………………………………………………… (69)
  4.2 设计范围 ………………………………………………………………… (69)
  4.3 设计内容 ………………………………………………………………… (69)
  4.4 设计原则 ………………………………………………………………… (70)
  4.5 设计思想 ………………………………………………………………… (70)
  4.6 危岩体治理设计 ………………………………………………………… (70)
  4.7 水害治理设计 …………………………………………………………… (78)

第5章 加固工程施工 ………………………………………………………… (85)
  5.1 危岩体加固 ……………………………………………………………… (85)
  5.2 水害治理 ………………………………………………………………… (94)

第6章 危岩体稳定监测 ·· (105)
6.1 监测目的 ·· (105)
6.2 监测内容 ·· (105)
6.3 监测系统构成 ·· (105)
6.4 监测布置 ·· (105)
6.5 监测成果分析 ·· (106)

第7章 施工组织与管理 ··· (108)
7.1 施工质量控制措施 ·· (108)
7.2 安全生产及文明施工措施 ··· (108)
7.3 文物保护措施 ·· (109)
7.4 环境保护措施 ·· (109)

第8章 工程总结 ··· (111)

附录A 竣工图纸 ·· (112)

附录B 三游洞摩崖题刻抢险加固工程项目施工过程照片集 ································ (132)
B.1 危岩体加固工程 ··· (132)
B.2 新建被动防护网施工 ··· (177)
B.3 水害治理工程 ·· (182)
B.4 山顶防渗区景观恢复 ··· (212)
B.5 安全文明施工 ·· (215)
B.6 其他 ·· (220)

第1章　三游洞概况

1.1　简介

三游洞又名三游洞摩崖，位于湖北省宜昌市西陵峡风景区，距宜昌市中心约7km，2006年5月被列入第六批全国重点文物保护单位。

三游洞历史悠久，清代龚绍仁诗云："夷陵有夷山，夷山多名洞。三游最著名，喧传自唐宋。"据史料记载，唐元和十四年（公元819年），诗人白居易由江州（今江西九江）司马升任忠州（今重庆忠县）刺史，其弟白行简同行，路过夷陵（今宜昌），恰遇好友元稹。诗人元稹由通州（今四川达州）司马调迁虢州（今河南灵宝）长史，客居夷陵。元白三人同游古洞，置酒畅谈，通宵不寐，恋恋不舍，各赋古调诗二十韵一首，并由白居易作序，书于洞壁。现洞中尚存明代重刻的白居易《三游洞序》碑石，诗已失传。三游洞即由此得名。到了宋代，三游洞已成为南方游览胜地。著名文学家苏洵、苏轼、苏辙父子三人于嘉祐元年（公元1056年）冬，从故乡眉州（今四川眉山）一同赴京，途经夷陵，寻胜游洞，赋诗唱和。人们称白居易三人之游为"前三游"，而称苏洵父子三人之游为"后三游"。

三游洞地势险峻，清代鲁先榜描述它"四望皆山，一峰出众；峻岭之间，横开一洞"。三游洞下临深谷，峭壁百丈，形若穹厦，冬暖夏凉。洞室开阔，宽约30m，深约20m，高约6m。洞口藤蔓倒挂，随风飘拂，洞中岩石褶迭起伏，断裂纵横，有3根似圆若方的钟乳石柱，平行排列，将洞分隔成相通的前后两室。前室明旷，诗文满壁。后室幽奥，陈列有白居易、白行简、元稹三人的汉白玉石刻像，洞壁上有几个小洞，即所谓"洞中有洞"，但可望而不可入。左壁有一耳洞，佝偻扶壁前行十几步，可通洞外。游众多从此洞爬进爬出，石壁被磨得光滑发亮。石壁顶部有一形若悬钟的奇石，用石子投击，其声如钟，石子落地，其声如鼓，因此有"天钟地鼓"之说。三游洞因景色绮丽，曾被古人喻为"仙境""幻境""桃源洞"。至今洞壁上仍留有"洞天福地"的巨幅题刻。

大自然造就了三游洞绮丽的自然景观，历史留给了三游洞丰富的人文景观。三游洞为湖北省第一批省级重点文物保护单位，是宜昌市西陵峡风景区的一个重要组成部分。2006年，三游洞被列为第六批全国重点文物保护单位，经过二十多年的保护、开发和建设，现已形成以文物为特色、山水洞泉浑然一体、亭台楼阁交相辉映的文物古迹风景名胜区（图1.1-1）。洞内整修陈列的碑刻琳琅满目，元白三人塑像立于洞室，若明若暗，惟妙惟肖。洞外下牢溪旁，陆游泉泉水清澈如镜，半壁石亭依山而建，古朴凝重。三游洞所在的夷山，旧

图 1.1-1 三游洞摩崖题刻区全貌

貌换新容。由宋代文学家欧阳修作记的至喜亭,造型独特,似仙女亭亭玉立于西陵峡口,中外游客"至之则喜",以登亭远眺为乐。因张飞擂鼓而得名的擂鼓台旁,高大挺拔、栩栩如生的张飞塑像再现了一代猛将的勃勃英姿。雄踞峡口的古代军垒,形若城堡,与张飞擂鼓台遥相呼应,仿佛要把人们带进那战鼓声声的古战场。三峡震旦角石园、印章石园、抗战纪念题刻、刘封城遗址、津亭、山谷亭、长廊、观峡洞、环绕全区的栈道等题刻和景点,或依山而建,或临江而筑,高低错落,妙趣横生。仿古建筑楚塞楼,位于三游洞山顶,在郁郁葱葱的群峰之间,显得气势非凡,格外壮观。登楼四望,重峦叠翠,风韵多娇,西览山重水复的峡江画廊,东眺举世闻名的葛洲坝雄风。正如白居易在《三游洞序》中所云:"斯境胜绝,天地间其有几乎!"

在各种自然、地质营力长期作用及人类活动的影响下,三游洞及保护区范围内发育形成了危岩体、渗水等工程地质问题,这些工程地质问题的存在严重威胁游客的人身安全及题刻的长久保存。

1.2 历史沿革

全国重点文物保护单位三游洞摩崖位于长江西陵峡口,风光绮丽,是闻名遐迩的名胜古迹(图 1.2-1)。目前保存有欧阳修、苏轼、黄庭坚、杨修之、娄俞彦等一批唐宋大家珍贵摩崖石刻 40 余处。

民国初年,无产阶级革命家董必武率军进驻三游洞,指挥打倒军阀和进行护法革命。抗日战争时期,蒋介石、冯玉祥、陈诚和湖北省临时政府官员进驻三游洞,同日寇隔溪对峙。冯玉祥石刻"是谁杀了我们同胞的父母和兄弟"等是在记录历史,也是进行爱国主义教育的珍

第1章 三游洞概况

图1.2-1 三游洞风景区景点分布示意图

贵题材。

新中国成立后,周恩来、李先念、李瑞环、吴邦国等党和国家领导人,丁玲、王朝闻、贺敬之、吴世昌、胡绳、钱伟长等著名文学家、科学家均视察过三游洞,留下了丰富、珍贵的历史手迹资料。

2006年5月,三游洞被国务院公布为第六批全国重点文物保护单位。现洞内外的诗文摩崖、碑刻琳琅满目,数以百计。这些诗文摩崖翔实地反映了长江三峡历史文化,是十分珍贵的史料。

1.3 价值评估

三游洞是一处集自然景观与人文历史于一体的综合性旅游景区。它不仅以独特的自然风光吸引游客,更以深厚的历史底蕴、精湛的艺术成就、广泛的社会影响以及重要的科学价值而备受瞩目。历代途经夷陵(宜昌)的人,大都到此一游,并以楷、隶、行、草各种字体和诗歌、散文、壁画、题记等各种形式写景抒怀,镌刻于石壁之上。以下从历史价值、艺术价值、社会价值和科学价值4个方面对三游洞进行详细的价值评估。

1.3.1 历史价值

元白三人同游三游洞这一历史事件为三游洞赋予了独特的文化意义,成为其历史价值的重要组成部分。自唐代之后,三游洞便成为文人墨客争相题咏的胜地,历代文人如欧阳修、苏洵、苏轼、苏辙、黄庭坚、陆游等纷纷前来,留下了大量的诗文和题刻。这些文人墨客的足迹不仅丰富了三游洞的文化内涵,也使三游洞成为中国古代文学艺术的瑰宝。

到了 20 世纪,三游洞作为抗日战争时期国民政府军队的指挥部,保留了很多体现国民当时奋起抗争、宁死不屈的民族气节的题刻。在土地革命时期,它曾是中共鄂西特别委员会和宜昌县委的地下交通联络站。这些历史背景为三游洞增添了革命的色彩,使其成为中国早期革命活动的重要见证。

1.3.2 艺术价值

三游洞拥有丰富的石刻艺术。三游洞内保存着大量的石刻,这些石刻不仅记录了历代文人的题咏,也展示了不同时代的书法艺术。从唐代的楷书、行书,到宋代的隶书、篆书,再到明清及民国时期的各种字体,三游洞的石刻艺术堪称书法艺术的宝库。如《欧阳修壁刻》《黄庭坚壁刻》等作品,更是具有极高的艺术价值。

三游洞具有独特的自然景观。它地势险峻,洞中有洞,景中有景。洞内宽敞高大,有 3 根似圆若方的钟乳石柱将洞隔成相通的前后两室,宛如大自然的鬼斧神工雕琢而成。洞外的观景台上,可以俯瞰到长江的壮丽景色,远处的山峦连绵起伏,与长江构成了一幅美丽的山水画卷。

三游洞存有丰富的诗词歌赋。三游洞不仅吸引了文人墨客前来游览,更激发了他们的创作灵感。历代文人在此留下了大量的诗词歌赋,这些作品不仅赞美了三游洞的自然风光,也抒发了他们的人生感慨。如白居易的《三游洞序》、苏轼的《三游洞题壁》等,都是中国古代文学中的佳作。

1.3.3 社会价值

三游洞作为国家 AAAA 级旅游景区,其优美的自然风光和丰富的文化内涵吸引了大量的游客前来游览。这不仅促进了当地旅游业的发展,也带动了周边餐饮、住宿、交通等相关产业的繁荣。三游洞已成为宜昌市乃至湖北省的一张亮丽的名片,对推动地方经济发展起到了积极的作用。

除此之外,三游洞作为一处重要的文化遗产,其社会价值主要体现在对中华文化的传承和弘扬上。通过游览三游洞,游客不仅可以深入了解中国古代文学、书法、历史等方面的知识,感受中华文化的博大精深,还可以了解到中国古代文人的生活方式、创作背景以及他们对社会、自然的思考和感悟。这些对培养现代人的文化素养、审美能力以及社会责任感都具有重要的意义。同时,三游洞也是对青少年进行爱国主义教育、历史文化教育的重要场所。

1.3.4 科学价值

三游洞在地质学和生态学研究方面有着重要的科学价值。首先,三游洞是一处典型的灰岩溶洞,其地层地质年代为寒武纪,距今约 5 亿至 6 亿年。通过对三游洞地质构造、岩石类型、溶洞形成等方面进行研究,可以深入了解地球的历史和演化过程。这对于地质学、地球科学等领域的研究具有重要的科学价值。其次,三游洞周边的自然环境丰富多样,植被茂盛,动物种类繁多。通过对三游洞及周边生态环境进行监测和研究,可以了解生态系统的结构、功能和演化规律,为生态保护和可持续发展提供科学依据。

1.4 保存现状

在各种自然、地质营力长期作用及人类活动的影响下,三游洞岩体产生了严重的环境地质病害。这些病害已严重威胁石刻及游客的安全,亟须查明岩体环境地质现状和病害成因,并提出防治对策,进行抢险保护。

1.4.1 危岩体

长江及下牢溪的下切作用促成了三游洞三面临空的地貌格局,在长期构造应力、风化作用的影响下,区内沿着临空方向发育有大量裂隙。这些裂隙的存在破坏了岩体完整性,在暴雨、地震工况下,被切割的岩体极易沿着临空方向运动失稳。下牢溪侧栈道(北栈道)、长江侧栈道(南栈道)及区内其他旅游沿线存在 20 多处危岩体,严重威胁着游客和文物本体的安全。危岩体主要为灰岩和白云岩,破坏形式以坠落式、倾倒式、滑塌式为主。尤其是张飞擂鼓台,为裂隙较发育的孤岩体,非常危险,急需处理。

1.4.2 水害

三游洞摩崖题刻区水文环境相对独立,雨水沿竖向导水裂隙下渗,从崖壁造像区出露形成水害。三游洞景区崖顶的广阔平台及覆盖层为大气降水的赋存和持续排泄提供了很好的条件。大量裂隙水和崖壁渗水侵蚀、冲刷对文物的长久保存造成严重威胁。大量溶洞和软弱层的存在对石质文物及周边岩体的稳定性产生了安全隐患。水害出现导致题刻保存环境干湿交替,加剧了岩石的风化。同时,潮湿的洞内环境促进了苔藓和各类微生物的大量繁殖,加速了摩崖题刻的风化速度。

第 2 章　工程地质条件

2.1　地形地貌

宜昌古时称"夷陵",夷陵因地形而得名,古语"水至此而夷,山至此而陵"正是对宜昌地貌整体的贴切描述。宜昌市区域总面积 21 084km²。区内地形复杂多样,山区、丘陵、平原都有分布。地势自北西向南东倾斜,西北部为大巴山,中部为巫山,西南部为武陵山,在市域总面积中,山区占 69%,丘陵占 21%,平原占 10%,构成"七山、二丘、一平"的地貌特征。从地貌学角度划分,宜昌地区可分为河谷阶地堆积土体平原区、层状砂岩与泥岩互(夹)层剥蚀堆积丘陵区、层状砂(泥)岩与砾岩互层(夹层)剥蚀堆积丘陵区、厚层状砾岩剥蚀堆积丘陵区、厚层状碳酸盐岩岩溶剥蚀侵蚀低山区。

三游洞摩崖题刻区位于南津关以上的峡谷地区,在地形地貌上属于厚层状碳酸盐岩岩溶剥蚀侵蚀低山区,受北西西-南东东流向的长江及下牢溪切割,岩溶地貌发育,小型溶沟、溶槽纵横交错。题刻区在平面上呈北西-南东向分布,北西侧的宜莲(宜昌—莲沱)公路将其与西陵山体隔开,两侧沟谷深切(图 2.1-1)。

图 2.1-1　三游洞摩崖题刻区地形地貌

题刻区范围内海拔最高点位于楚塞楼所置基岩上,为131.92m,东部下牢溪左岸与长江交汇附近为区内海拔最低点,仅64.76m。整体而言,题刻区顶部地形平坦开阔,西北至三峡震旦角石园顶部(海拔128.56m),东南至印章石园(海拔115.86m)才出现明显下降,东南侧以张飞擂鼓台(海拔111.4m)及至喜亭(海拔115.67m)为界向下地形变化明显,局部地段坡度大于40°,至峡口古军垒处海拔仅为78.33m,到津亭一带海拔更是低至70.13m。

三游洞位于三游洞景区内北侧下牢溪左岸,与景区入口直线距离不足100m,外洞洞口海拔93.3m,题刻主要分布在外洞洞顶、西北侧栈道上方崖壁及区内东南角津亭平台上方和南侧靠长江栈道上方(图2.1-2)。

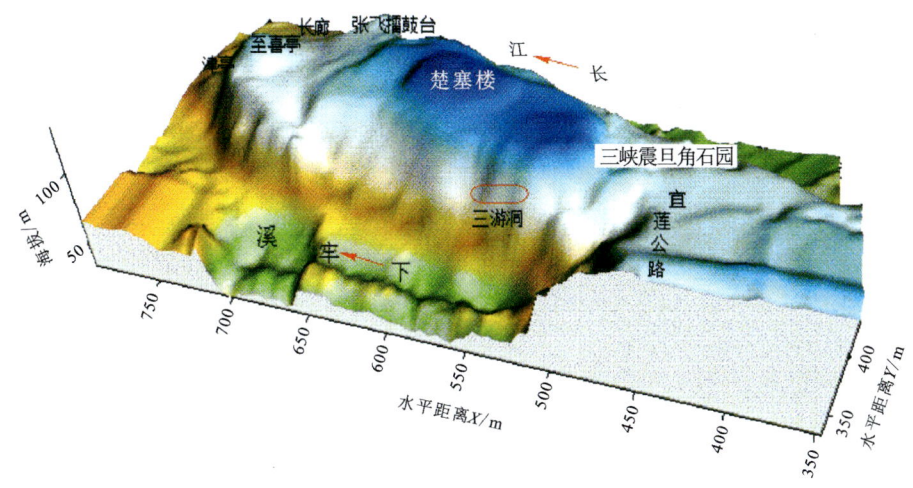

图2.1-2 三游洞三维地表形态

2.2 区域地质

2.2.1 区域地层岩性

宜昌市内除南津关以西及西北小范围分布寒武系三游洞组、奥陶系南津关组外,其余大范围分布白垩系石门组、五龙组、罗镜滩组及第四系。其中,第四系广泛分布于长江及其主要支流河谷阶地和沟谷内,成因复杂。

(1)上寒武统三游洞组($\in_3 sn$)。出露于牛扎坪、小平善坝、南津关、下桃坪一带。为灰白色巨厚层结晶灰质白云岩、硅质白云岩。含方解石团块及较多燧石结核。三游洞景区即位于该套地层之中。

(2)下奥陶统南津关组($O_1 n$)。出露于牛扎坪、小平善坝、南津关、下桃坪一带。为深灰色灰岩、白云质灰岩、生物碎屑灰岩,下部为深灰色泥质条带灰岩。假整合于三游洞组之上。

(3)下白垩统石门组(K_1s)。呈北东-南西向的条带状出露于虾子沟至紫旧一带。由砾岩与粉砂岩互层组成,具有2个沉积韵律层。第一沉积韵律层下部为灰红色砾岩,胶结物以钙质为主,为基底式胶结类型,厚—巨厚层状,砾石成分以白云岩、灰岩为主,次为石英砂岩、石英岩及燧石。上部为紫红色含泥质粉砂岩,局部底部有紫红色含砾或含钙质结核(砂姜石)粉砂岩。第二沉积韵律层与第一沉积韵律层基本相同,下部为砾岩,上部为含泥质粉砂岩,以角度不整合覆于三游洞组或南津关组之上。在两者界面之间,有一层连续性较差的厚30~40cm的古风化壳,为浅灰黄色砂质泥岩或灰黄色含砾亚黏土。

(4)下白垩统五龙组(K_1w)。呈北东-南西向的宽带状大面积出露于将军岩—临江溪地区。底部为灰红色粗砾岩。下部为浅黄色、灰色细—中砂岩夹砖红色、灰黄色粉砂岩、泥质粉砂岩、粉砂质泥岩、砂岩,局部夹砾岩;上部为砖红色粉砂岩夹细砂岩、砾岩透镜体或条带。与石门组呈连续沉积接触关系。

(5)上白垩统罗镜滩组(K_2l)。出露于临江溪、葫芦坝以南。为灰红色、棕红色块状砾岩。胶结物为钙质、铁质,以基底式胶结为主。砾石成分以灰岩、白云岩为主,次为石英岩及少量砂岩、燧石。底部夹粉砂岩透镜体。与五龙组呈渐变过渡关系。

(6)第四系(Q)。

下更新统冲积物(Qp_1^{al-pl}):分布于长江河谷五级阶地以及相当于五级阶地高程的剥夷面上。下部为砂(卵)砾石层;中部为棕黄色、褐黄色黏土夹卵砾石或卵(砾)石夹黏土;上部为灰白色黏土,具虫孔构造。

中更新统冲积物(Qp_2^{al}):分布于长江河谷四级阶地及相当于四级阶地高程的山顶及山坡上。堆积物一般不具二元结构,岩性为网纹黏土、亚黏土、亚黏土夹大量卵(砾)石。局部具有二元结构,二元结构下部为砂卵(砾)石,上部为网纹黏土。

上更新统冲积物(Qp_3^{al}):分布于长江及其主要支流河谷二、三级阶地上。下部为砂卵(砾)石层,局部夹胶结砾石层;上部为棕黄色黏土,含铁锰质薄膜和结核,具垂直节理。

全新统堆积物($Qh^{al-pl-dl-el}$):分布于长江及其主要支流河谷一级阶地、漫滩、河床、较大型沟谷中。下部为砂卵(砾)石层夹亚砂土、亚黏土,局部夹胶结砾石层;上部为灰褐色、棕黄色亚砂土、亚黏土。洪积物、坡积物主要分布于斜坡地带及冲沟头,为亚砂土、亚黏土夹岩屑及岩块。残积物主要分布于山顶及平缓的山坡地带,为亚砂土、亚黏土夹岩屑。

2.2.2 区域地质构造

宜昌市绝大部分地区处于新华夏系第二沉降带的次级构造——宜昌单斜之上,而南津关北西小部分处于淮阳"山"字形西翼反射弧砥柱——黄陵背斜东翼边缘地带。前者为由白垩系红色岩系组成的微具波状起伏的单斜凹陷盆地,岩层走向一般为N20°~50°E,倾向南东,倾角4°~8°。盆地内次级构造简单,主要为互不连续、小规模的倾伏背斜、向斜及小断裂、裂隙。后者由寒武系三游洞组、奥陶系南津关组碳酸盐岩组成。受较为强烈的构造变动影响,以次级褶皱及盖层断裂为主要特征。区内挽近期以来的构造应力场是在区域近南北向和近东西向应力场长期作用下形成的,依据红色岩系中发育的构造形迹及力学性质分析,应隶属新华夏系构造应力场,即以红层层面和天灯泡向斜为代表,与区域构造线黄陵背斜轴向基本一致。红层中地应力的最大主应力方向为 N26°~62°E，S26°~62°W，量级为 1.96~2.94MPa。红色岩系与碳酸盐岩接触面附近一带存在一定规模的断裂。

对区内几条大的沟谷断裂进行调查，由图 2.2-1 不难看出，区内主要发育两组构造裂隙，一组如图 2.2-1 中红色所示走向北东-南西，另一组如图 2.2-1 中深红色所示走向北西-南东。两组裂隙基本控制了区域中包括长江在内的河流、深谷延伸方向。

图 2.2-1 三游洞附近主要区域性裂隙分布图

2.2.3 地震活动

地震资料表明，自燕山运动以后，宜昌市一直处于大面积间歇性的掀斜式整体上升状态，但运动强度渐趋减弱，地壳处于相对稳定阶段。在历史上区内未发生烈度大于或等于 5 度的地震。国家地震局将宜昌市确定为不设防城市。即使葛洲坝和三峡水库修建后发生的水库诱发地震，烈度也不会超过 6 度。

根据《建筑抗震设计规范》(GB 50011—2010)附录 A 规定，宜昌地区抗震设防烈度为 6 度，设计基本地震加速度为 0.05g，特征周期为 0.35s，设计地震分组为第一组。考虑到文物的重要性，一旦损毁其价值难以估量，故将该区设防烈度提高，按 7 度计，取基本地震加速度值为 0.10g。根据《建筑抗震设计规范》(GB 50011—2010)第 4.1.7 条规定，抗震设防烈度小于 8 度时，可不考虑发震断裂对工程的影响。

2.3 题刻区工程地质条件

2.3.1 地质构造

区内岩体受构造强烈变动影响,构造裂隙发育,岩体完整性较差。围绕三游洞题刻区进行裂隙调查,共统计出41条裂隙(表2.3-1),绘制裂隙的散点图和玫瑰花图如图2.3-1所示。

表2.3-1 三游洞题刻区裂隙统计表

裂隙编号	裂隙产状	特征
J1	80°∠85°	构造裂隙,可见延伸长度9.0m,裂隙与临空面平行
J2	47°∠73°	构造裂隙,可见延伸长度7.0m,隙宽16cm,少量岩块填充
J3	8°∠88°	构造裂隙,可见延伸长度12.0m,隙宽8cm,少量泥质填充
J4	22°∠85°	构造裂隙,可见延伸长度8.5m,隙宽2mm,无充填物
J5	1°∠88°	构造裂隙,可见延伸长度8.5m,隙宽0.2cm,少量泥质填充
J6	155°∠81°	构造裂隙,可见延伸长度3m,隙宽12cm,少量碎石填充
J7	19°∠86°	构造裂隙,可见延伸长度4.0m,隙宽12cm,少量碎石填充
J8	14°∠82°	构造裂隙,可见延伸长度4.6m,隙宽12cm,少量泥质填充
J9	2°∠72°	构造裂隙,可见延伸长度13.0m,隙宽14cm,少量泥质填充
J10	358°∠76°	构造裂隙,可见延伸长度1.8m,隙宽6.2cm,裂隙与临空面平行
J11	33°∠84°	构造裂隙,可见延伸长度6.0m,隙宽3.0cm,少量泥质填充
J12	67°∠85°	构造裂隙,可见延伸长度5.0m,隙宽4.0cm,少量泥质填充
J13	80°∠82°	构造裂隙,可见延伸长度2.8m,隙宽3.0cm,少量泥质填充
J14	2°∠84°	构造裂隙,可见延伸长度2.6m,隙宽6.0cm,少量泥质填充
J15	97°∠73°	构造裂隙,可见延伸长度1.4m,隙宽3.0cm,少量泥质填充
J16	49°∠75°	构造裂隙,可见延伸长度1.3m,隙宽1.0cm,少量泥质填充
J17	34°∠75°	构造裂隙,可见延伸长度2.8m,裂隙与临空面平行
J18	357°∠82°	构造裂隙,可见延伸长度3.2m,隙宽3.0cm,无充填物
J19	310°∠86°	构造裂隙,可见延伸长度3.2m,隙宽6.0cm,少量碎石填充
J20	296°∠88°	构造裂隙,可见延伸长度6.0m,隙宽0.3cm,少量泥质填充
J21	321°∠61°	构造裂隙,可见延伸长度6.7m,隙宽0.5cm,少量碎石填充
J22	47°∠65°	构造裂隙,可见延伸长度6.9m,隙宽3.0cm,少量碎石填充

续表 2.3-1

裂隙编号	裂隙产状	特征
J23	58°∠83°	构造裂隙,可见延伸长度10.2m,隙宽5.0cm,少量泥质填充
J24	30°∠86°	构造裂隙,可见延伸长度1.8m,隙宽1.0cm,少量碎石填充
J25	31°∠88°	构造裂隙,可见延伸长度12.2m,隙宽7.8cm,少量碎石填充
J26	96°∠86°	构造裂隙,可见延伸长度5.2m,隙宽0.5cm,无充填物
J27	30°∠79°	构造裂隙,可见延伸长度5.3m,隙宽1.0cm,少量泥质填充
J28	41°∠78°	构造裂隙,可见延伸长度11.2m,隙宽0.5cm,少量泥质填充
J29	37°∠76°	构造裂隙,可见延伸长度12.8m,隙宽1.2cm,少量泥质填充
J30	108°∠86°	构造裂隙,可见延伸长度1.8m,隙宽1.0cm,少量碎石填充
J31	107°∠88°	构造裂隙,可见延伸长度12.2m,隙宽7.8cm,少量碎石填充
J32	106°∠86°	构造裂隙,可见延伸长度5.2m,隙宽0.5cm,无充填物
J33	72°∠83°	构造裂隙,可见延伸长度5.3m,隙宽1.0cm,少量泥质填充
J34	68°∠78°	构造裂隙,可见延伸长度11.2m,隙宽0.5cm,少量泥质填充
J35	120°∠76°	构造裂隙,可见延伸长度12.8m,隙宽1.2cm,少量泥质填充
J36	69°∠86°	构造裂隙,可见延伸长度1.8m,隙宽1.0cm,少量碎石填充
J37	62°∠88°	构造裂隙,可见延伸长度12.2m,隙宽7.8cm,少量碎石填充
J38	168°∠88°	构造裂隙,可见延伸长度5.2m,隙宽0.5cm,无充填物
J39	122°∠77°	构造裂隙,可见延伸长度5.3m,隙宽1.0cm,少量泥质填充
J40	105°∠78°	构造裂隙,可见延伸长度11.2m,隙宽0.5cm,少量泥质填充
J41	127°∠76°	构造裂隙,可见延伸长度12.8m,隙宽1.2cm,少量泥质填充

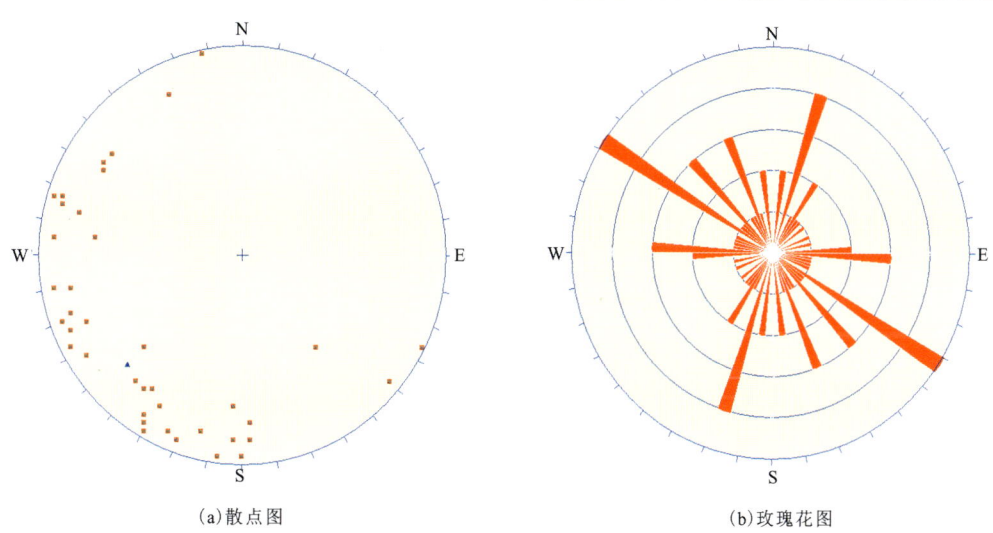

(a)散点图　　　　　　　　　　　(b)玫瑰花图

图 2.3-1　三游洞题刻区裂隙调查统计结果

从统计结果可以看出，区内裂隙以北西西-南东东向、北东-南西向最为发育，此结果与这一地区区域裂隙分布规律吻合。以两条栈道为路线，对三游洞景区内的主要构造裂隙及构造形迹进行调查，结果如图2.3-2～图2.3-4所示。这些构造裂隙的发育控制了地下水的运移及岩溶发育环境，以J2、J5、J6、J7、J9、J11、J12为代表的构造裂隙是区内主要的导水裂隙，这几条裂隙周围仍可观察到较好的地下水露头[图2.3-5(a)]。区中岩溶洞穴普遍发育亦与裂隙息息相关，三游洞耳洞正是J5与J6在此交会，加剧地下水汇聚，加速灰岩溶解所致。区内构造痕迹明显，J9裂隙近压顶平台处可观察到完整的泥化夹层，J12底部有大量垂直节理发育[图2.3-5(b)]。上述现象均表明研究区在地质历史时期受区域地壳活动影响明显。研究区局部构造活动相对强烈，有利于岩溶洞穴的发育，从而形成了复杂的水文地质和工程地质条件。

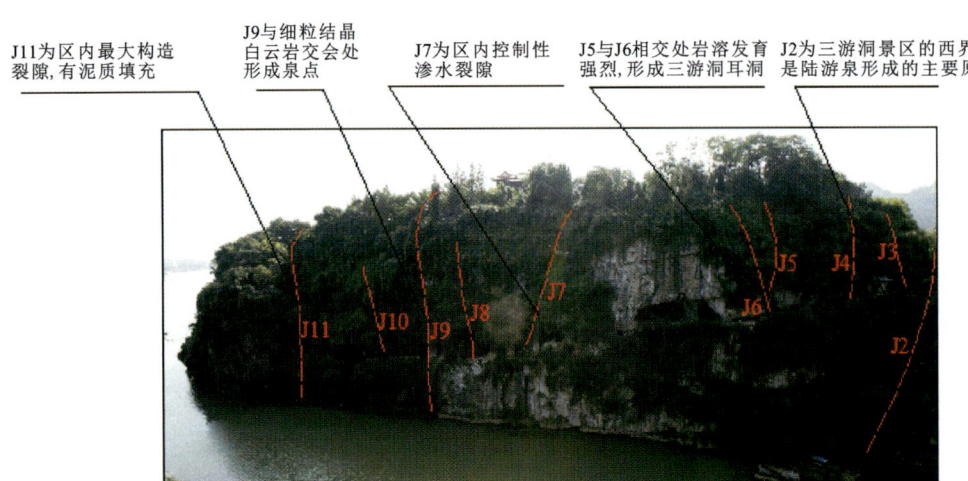

图2.3-2 三游洞题刻区北侧崖壁上发育的构造裂隙

图2.3-3 三游洞题刻区北东侧崖壁上发育的构造裂隙

第 2 章 工程地质条件

图 2.3-4　三游洞题刻区沿江南侧发育构造裂隙

(a) J9 与底部细晶白云岩相交处渗水　　　(b) J12 底部垂直节理发育

图 2.3-5　三游洞题刻区构造裂隙发育现象

2.3.2　地层岩性

三游洞题刻区地层主要由第四系盖层和上寒武统三游洞组白云质灰岩、灰岩组成。

1. 新近人工堆积层（Qh^{ml}）

该层分布于三游洞保护区西侧入口广场处及东侧峡口古军垒、津亭附近（图 2.3-6），厚 0.4~3.8m，平均厚度 1.37m，灰黑色、黄褐色，稍湿，主要成分为黏性土及少量碎块石。骨架粒径 2~3cm，底部偶见粒径 15cm 以上的碎岩块，均匀性较差，结构松散，顶部有植被根系展布其中。

图 2.3-6 三游洞区内东侧长廊上方钻孔揭露的人工填土层

2. 残坡积物（Qh^{el-dl}）

残坡积物是研究区最主要的第四纪堆积层，分布在基岩山体表面，楚塞楼所在山顶平台及区内东侧至喜亭南侧斜坡区一带是主要分布地，厚度一般不大，以 0.1～4m 为主。主要物质成分为粉质黏土，灰黄色、灰红色、棕红色、褐色，普遍夹砾石，砾石含量一般为 5%～10%，局部达 30%，砾石成分为碳酸盐岩、燧石，粒径一般为 2～5cm，局部可达 30cm，次棱角一次圆状。结构较密实，干时呈硬团块状，湿时具塑性。表层土中植物根系发育，有机质含量高。

3. 上寒武统三游洞组（C$_3$sn）白云质灰岩、灰岩

三游洞组为海相深水碳酸盐岩沉积，以厚层块状灰岩、白云质灰岩为主，质纯，不含泥质，顶部夹有黑色燧石结核和条带，未发现化石，厚 290m。三游洞组位于覃家庙组之上、下奥陶统南津关组之下。如表 2.3-2 所示，取区内岩样于室内进行薄片鉴定，依据薄片鉴定结果，研究区三游洞组岩性可分为 3 类：第一类是以楚塞楼及至喜亭下部基础岩石为代表的含燧石条带白云质灰岩；第二类是以印章石园东侧钻孔揭露为代表的包括长廊北侧、楚塞楼东侧在内的中粒结晶白云质灰岩；第三类是以三游洞路口和旁栈道口处及陆游泉所在地为代表的细粒结晶白云岩、中细粒结晶白云岩、微晶白云岩。三游洞周边地层分布见图 2.3-7。

含燧石条带的白云质灰岩在区内仅出露于崖顶楚塞楼及至喜亭底部基岩一带，其抗溶蚀性能较强，故在山顶形成溶蚀孤峰。中粒结晶白云质灰岩结构致密，坚硬性脆，常形成高陡边坡。高陡边坡卸荷裂隙较发育，易发生掉块或局部崩塌现象。中粒结晶白云质灰岩岩体力学强度极高，不易风化，但易被溶蚀，含丰富的裂隙岩溶水，水量大但不均一，岩体具强

第 2 章　工程地质条件

图 2.3-7　三游洞周边地层岩性分布

烈岩溶典型的渗漏工程地质特性，主要岩溶现象有水平及垂直溶洞、落水洞等。岩溶洞穴中发育有大量岩溶堆积，如钟乳石、石帘等。第三类岩体一般与第一类岩体呈互层关系，厚度不大，一般 50~200cm，该层溶解度小，夹少量的薄层黄绿色泥、砂质页岩，遇水易软化、泥化和崩解及产生胀缩变形破坏。

表 2.3-2　三游洞薄片鉴定样品信息表

序号	取样位置	薄片鉴定结果
1	楚塞楼、至喜亭下部基础	含燧石条带白云质灰岩
2	长廊北侧	中粒结晶白云质灰岩
3	长廊上方厕所旁	中细粒结晶白云质灰岩
4	印章石园东侧钻孔	中粒结晶白云质灰岩
5	陆游泉上方	微晶白云岩
6	楚塞楼东侧	中粒结晶白云质灰岩
7	三游洞入口	细粒结晶白云岩
8	三游洞旁栈道口	中细粒结晶白云岩
沉积岩中典型的胶结类型（基底式胶结）		基质为石英，方解石颗粒粗大

2.3.3 岩土层工程物理力学参数

残坡积物是研究区内最主要的第四纪堆积层。三游洞顶部分布有厚度超过2m的残坡积层,残坡积层渗透性与洞内渗水病害相关,为此本次野外勘察选取洞顶平台开展原位渗透试验,并采取原状土样进行室内试验,以获取土体基本物理力学性质参数。

1. 土体渗透系数

采用单环注水法测得土体渗透系数。于三游洞顶部平台开挖一个圆柱形探坑[2.3-8(a)],安装除底塑料桶,使桶与试坑紧密接触(直径25cm),以限定试验面积和试验水头,外部用黏土填实,确保四周不漏水。采用800mL量筒向桶内注水,使环内水头高度保持在10cm处,观测时间和注水量,结果如图[2.3-8(b)]所示。

结合现场实测资料,采用式(2.3-1)可计算区内土层渗透系数 $k=4.648\times10^{-5}$ m/s。

$$k=\frac{Q}{F} \quad (2.3-1)$$

式中:Q 为注水量(cm^3/min);F 为过水断面面积(cm^2),此处指塑料桶底面积。

 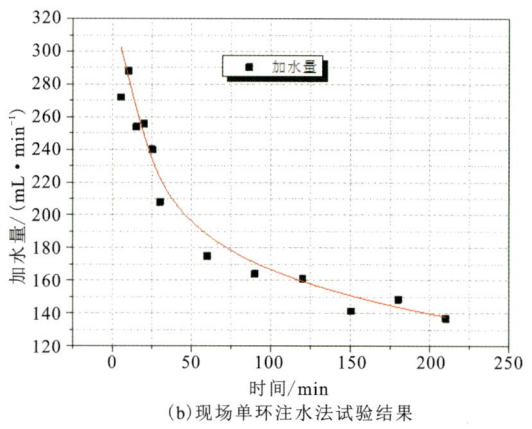

(a)现场单环注水法试验　　　　　　　(b)现场单环注水法试验结果

图 2.3-8　三游洞现场单环注水试验

2. 土体基本物理力学性质参数

采取孔内土样(编号①、②)进行室内土工试验,获取土体基本物理力学性质参数。土颗粒粒径级配曲线如图 2.3-9 所示,土颗粒级配曲线中粒径小于0.075mm的土颗粒占比大于50%,且塑性指数大于10、小于17,故将该土层定名为粉质黏土。

依据试验结果及前期研究资料,区内残坡积物的基本物理力学性质指标建议值如表2.3-3所示。

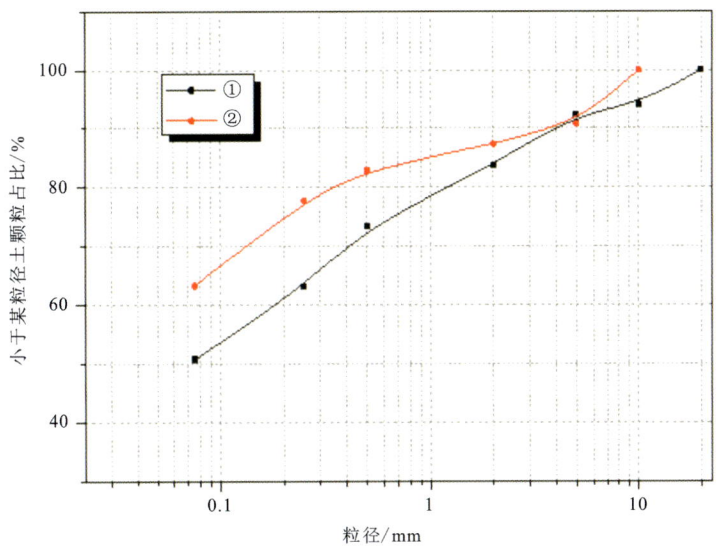

图 2.3-9 三游洞土颗粒粒径级配曲线

表 2.3-3 三游洞土层基本物理力学性质指标建议值

土样编号	天然重度/(kN·m⁻³)	颗粒相对密度	含水率/%	液性指数	塑性指数	黏聚力/kPa	内摩擦角/(°)	压缩模量/MPa	承载力/kPa
①	18.43	2.71	29.08	0.63	12	11	8	13	80
②	18.52	2.68	21.03	0.13	15	—	—	—	—

对研究区的中粗粒结晶白云质灰岩及细粒结晶白云岩进行物理力学测试,结果如表 2.3-4 所示。

表 2.3-4 三游洞组岩石物理力学指标

岩样	天然密度/(g·cm⁻³)	饱和密度/(g·cm⁻³)	饱和吸水率/%	饱和抗压强度/MPa				干抗压强度/MPa			
				岩样1	岩样2	岩样3	平均值	岩样1	岩样2	岩样3	平均值
中粗粒结晶白云质灰岩	2.49	2.49	0.2	57.2	48.6	42.9	49.56	64.5	73.3	61.4	66.4
细粒结晶白云岩	2.46	2.47	0.5	56.8	43.1	36.7	45.53	61.4	59.5	63	61.3

由化学成分分析结果表 2.3-5 可以看出,区内岩石化合物以 MgO、CaO 及 SiO_2 为主,三者总和在任一检测样中占 50% 以上,这表明区内岩石以方解石、白云石及石英为主要组成矿物。另外,SY01、SY03、SY04 化学成分组成较为相似,3 组岩石样本烧失量均较大,接近 50%。

表 2.3-5 三游洞岩石化学成分分析   单位:$\omega(B)/10^{-2}$

分析项	送样号			
	SY01	SY02	SY03	SY04
SiO_2	1.46	29.36	1.06	0.90
Al_2O_3	0.69	0.27	0.34	0.34
Fe_2O_3	0.20	0.072	0.058	0.043
MgO	20.65	9.89	20.58	20.65
CaO	30.24	27.35	31.03	31.20
Na_2O	0.024	0.024	0.022	0.021
K_2O	0.20	0.027	0.096	0.039
TiO_2	0.024	0.014	0.008	0.008
P_2O_5	0.037	0.035	0.042	0.009
MnO	0.011	0.005	0.004	0.005
H_2O^-	0.00	0.06	0.04	0.04
烧失量	46.28	32.37	46.62	46.74

由表 2.3-6 可知,X 射线衍射(XRD)测试结果与化学成分分析结果所得结论基本一致,区内岩石以方解石、白云石、石英为主,其中 SY02 样品石英、方解石含量较高,白云石含量低于另外 3 组。较高的白云石及方解石含量合理地解释了化学成分分析中出现的巨大烧失量,因为方解石及白云石主要由碳酸盐类化合物($CaCO_3$、$MgCO_3$)组成,二者在加热条件下发生氧化反应,释放大量 CO_2。

由扫描电镜结果可看出,区内岩石表面岩溶现象明显,长石、石英、方解石、白云石颗粒自形程度高,镜下晶形明显(图 2.3-10)。

表 2.3-6 三游洞岩石 XRD 测试结果

选样号	石英	长石	方解石	白云石	石膏
SY01	2	1	1	96	0
SY02	20	1	25	53	1
SY03	2	1	1	96	0
SY04	2	1	1	96	0

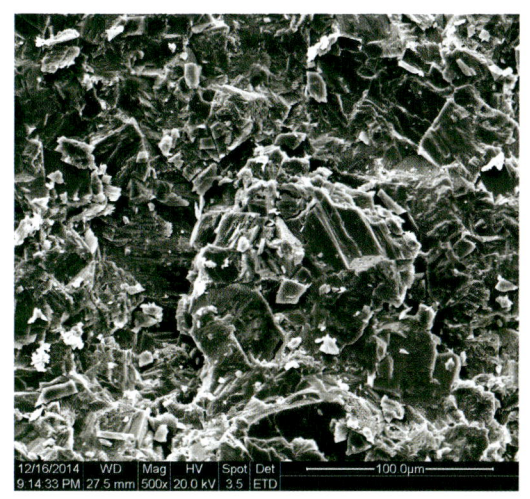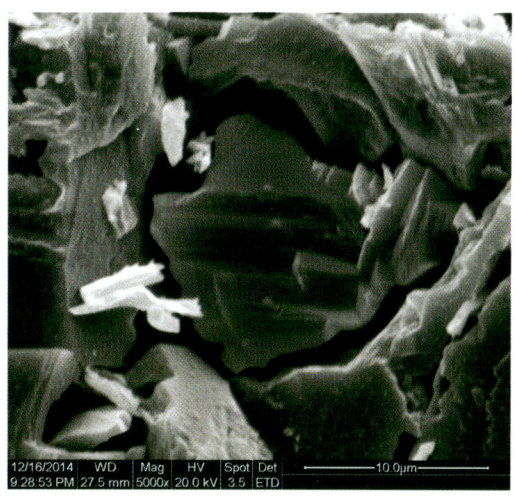

图 2.3-10 三游洞岩石扫描电镜测试结果

3. 天然地基承载力特征值

根据《建筑地基基础设计规范》(GB 50007—2011)规定,可根据岩石的室内饱和单轴抗压强度计算完整、较完整的岩石地基承载力特征值,计算公式如下:

$$f_a = \varphi_r \times f_{rk} \qquad (2.3-2)$$

式中:f_a 为岩石地基承载力特征值(kPa);f_{rk} 为岩石饱和单轴抗压强度标准值(kPa),$f_{rk} = \psi \times f_{rm}$($\psi$ 为统计修正系数,$\psi=0.95$;f_{rm} 为岩石饱和单轴抗压强度平均值);φ_r 为折减系数,根据岩体完整程度以及结构面的间距、宽度、产状和组合,由地区经验确定。无经验时,对完整岩体可取 0.5,对较完整岩体可取 0.2~0.5,对较破碎岩体可取 0.1~0.2。因石刻区岩体较完整,折减系数可取 0.2。

根据《建筑地基基础设计规范》(GB 50007—2011)计算公式,结合地区性建筑经验计算得三游洞白云质灰岩地基承载力特征值为 4.70MPa,白云岩地基承载力特征值为 4.32MPa(表 2.3-7)。

表 2.3-7 三游洞区内各地层天然地基承载力特征值

土层名称	天然地基土承载力特征值 f_a/MPa
残坡积层	0.08
白云质灰岩	4.70
白云岩	4.32

2.4 题刻区水文地质条件

2.4.1 地表水

三游洞摩崖题刻区在地貌上相对独立,北西侧宜莲公路将其与西陵山体隔开,北、南两侧下牢溪、长江下切形成深谷,东侧由一相对缓坡与临江陡崖相接。山顶平台较为开阔,由多块岩溶洼地组成,是题刻区内直接接受大气降水、地表生活用水补给的源点。地形的起伏决定了地表所接受的水源在区内的流向,按地形的起伏建立三游洞地表水流向图(图2.4-1)。

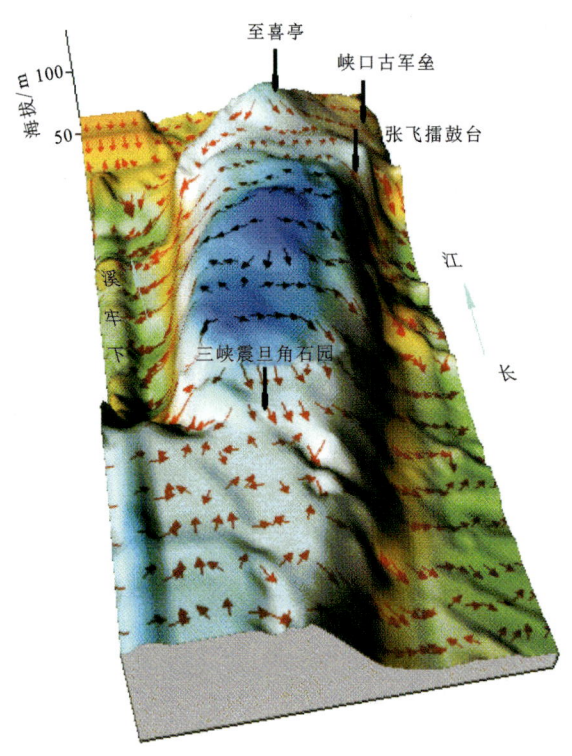

图 2.4-1 三游洞地表水流向图(图中箭头代表水流方向)

从图2.4-1可以看出,区内顶部平台接受的大气降水、生活用水补给会沿着长江及下牢溪两侧崖壁面以挂流的形式向下方排泄;西侧所接受的补给水源则会朝三峡震旦角石园一带、三游洞景区入口广场排泄,最后沿北侧溶沟渗流至下牢溪;东侧所接受的水源则更多沿至喜亭及张飞擂鼓台间所控制的缓坡以潜流的形式向长廊及峡口古军垒流动,最后通过白云质灰岩中发育的渗水裂隙汇入长江。

2.4.2 地下水

断层及裂隙的发育会引起区域内地下水流突变,导致裂隙两侧地下水流向突变,水文地质学中将断层分为导水断层及隔水断层。结合裂隙实际调查情况,将三游洞景区划分为6个水文单元(图2.4-2),其中J4与J7所控制的区域是三游洞地下水赋存地。

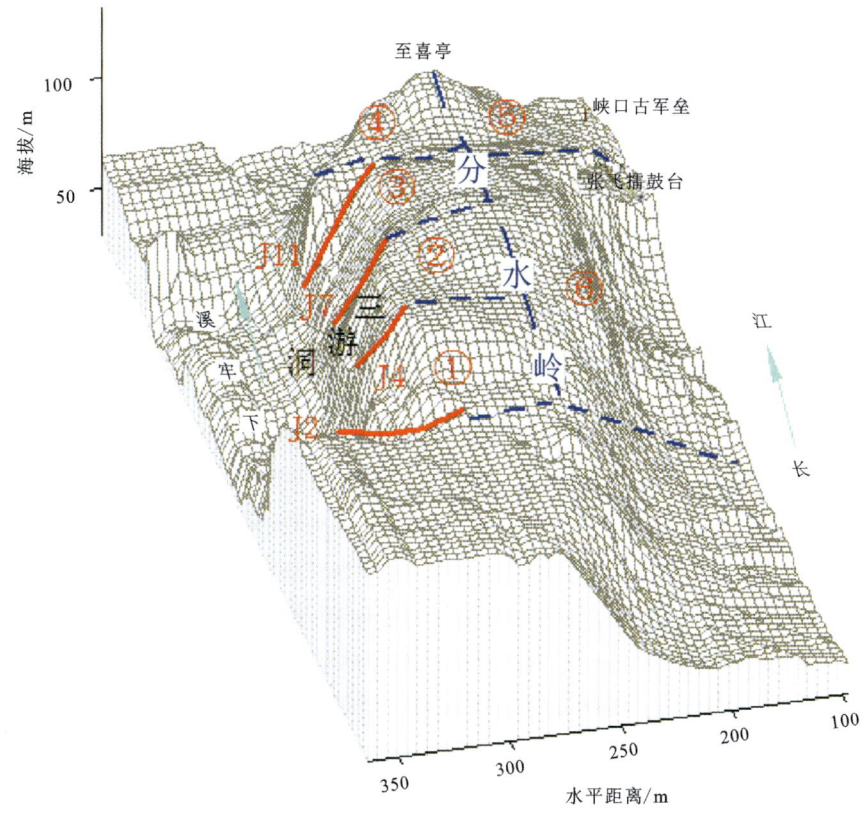

图2.4-2 三游洞区内水文地质分区三维图

如图2.4-2所示,①区由J2及J4围成,包括三峡震旦角石园、三游洞景区广场,所接受的渗水向J2裂隙所在溶沟汇聚,最终渗入下牢溪[图2.4-3(a)]。②区是三游洞地下水赋存地,由J4及J7控制形成,其中J7是主要渗水裂隙,以该裂隙为界,②区与③区渗水差异巨大[图2.4-3(a)]。③区与④区渗水较严重,J11将二者分开[图2.4-3(b)],两区渗水流量较大,对③区内一泉点进行流量测试,约为27.65mL/s,这表明区内的地下水有稳定补给源。源区较远,可能来源于宜莲公路北侧的西陵山体汇水。⑤区主要指至喜亭及张飞擂鼓台间的斜坡区,区内鲜有渗水痕迹[图2.4-3(c)]。⑥区指沿江侧崖壁至三游洞管理办公室一带,此次调查该区仅有一处渗水点[图2.4-3(d)]。

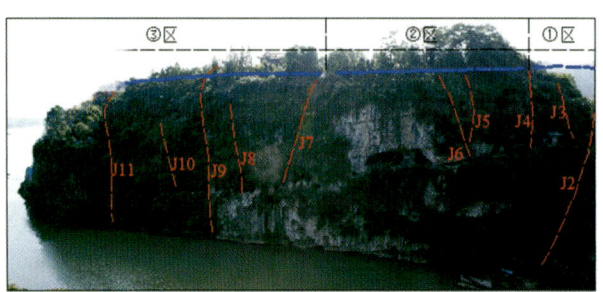

(a)下牢溪侧水文地质分区

(b)北东侧码头水文地质分区

(c)至喜亭—张飞擂鼓台一带水文地质区

(d)长江侧水文地质分区

图 2.4-3 三游洞各区内水文地质分区实景图

2.4.3 水文地质剖面

根据地下水的赋存条件、水理性质及水力特征,区内地下水可划分为松散岩类孔隙水、碳酸盐岩类裂隙溶洞水两类,分别对应上覆第四系残坡积物层及下伏三游洞组白云质灰岩。图2.4-7所示为三游洞题刻区内水文地质剖面图。由图可看出,区内共两套含水地层——第四系残坡积物、寒武系白云质灰岩,两套地层是三游洞区内泉水的主要给水层,而细晶白云岩则是区内一套相对隔水层,地下水一般沿着该套地层出露,尤其在与一些大型裂隙相交处,渗水现象更为明显。另外,由于区内岩层产状统一倾向北东东(65°~101°),倾角缓(4°~11°),这决定了来自西陵山体及三游洞顶部的渗水易沿岩层面向下牢溪侧汇聚,促使该侧渗水点较长江侧发育。

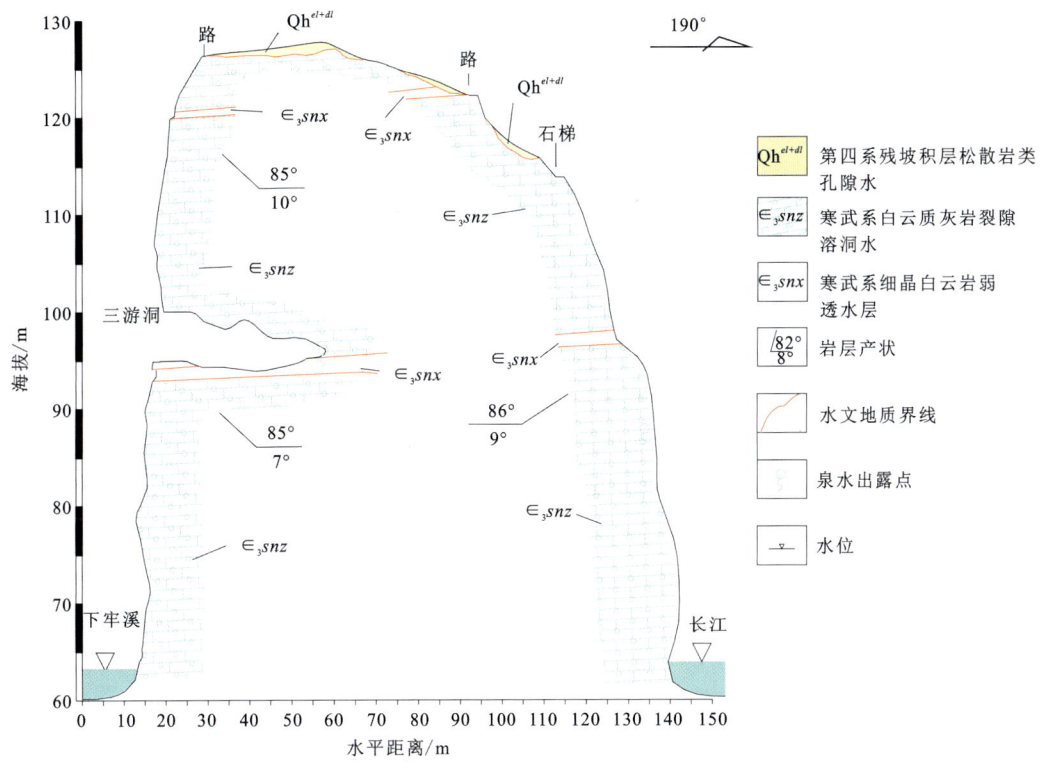

图2.4-7 三游洞题刻区内水文地质剖面

2.4.4 水文地质结论

综上所述,区内大气降水及生活用水在重力作用下垂直下渗补给覆盖于三游洞顶部的残坡积层,由于该层具有一定的孔隙,故能存储部分渗水形成松散岩类孔隙水。一般来说,该层所储水量有限,可形成季节性泉水。季节性泉水常沿第四纪覆盖层及下伏基岩层交界面处以挂流的形式出露(长江侧⑥区内的泉水点)。由于整个区内的最低排泄基准面位于长江,故更多的渗水将以楚塞楼及至喜亭一带的分水岭为界,向两侧沿着前期溶蚀形成的通道及构造裂隙继续下渗,直至遇到第一套细晶白云岩层,因该层可溶性及渗透性均较差,故上部水流渗流至该层时流向发生突变,主要沿两套地层的接触面发生向最低排泄基准面的流动。当有裂隙切穿该弱透水层时,沿层面流动的水会继续下渗,直至遇到第二套细晶白云岩时,流向再次转为沿层面流动。当具备一定的排泄空间时,沿层面流动的水流将出露形成泉点。可将发育于上述这套白云质灰岩中的地下水定义为碳酸盐岩类裂隙溶洞水。由于区内岩层整体向北东倾,这决定了地下水沿层面的流动只能朝北东向,故其出露的地点更多只能在区内北东侧(下牢溪侧),这与现场泉眼调查结果相吻合。区内出露的12眼泉水有11眼位于北东侧,且大多集中于第二套细晶白云岩下伏至下牢溪一带处(③、④区,共8眼)。长江侧及下牢溪侧溶洞发育的情况及现状也能很好地说明这一点。由图2.4-8可以看出,位于长江侧的K7溶洞虽规模较大,但由于所处位置与倾向相反,接受层内地下水补给有限,故洞内基本干燥,不见渗水痕迹。而位于下牢溪侧的K5溶洞,其所处位置与岩层倾向一致,位于层间水流的排泄通道上,故虽规模较K7小,但洞内各种渗水痕迹明显,苔藓等喜湿植被附着。

(a)⑥区内长江侧K7溶洞　　　　　　　(b)④区内下牢溪侧K5溶洞

图2.4-8　长江侧及下牢溪侧溶洞发育情况

另外,由于④、⑤区内泉水点出露数目多、流量大、流速稳定,据此可推测补给三游洞区内水流不单只有顶部平台接受的大气降水及景区办公场所排放的生活用水,还应包含来自较远处西陵山体顺层流动的岩溶水。三游洞内支洞中所出露的泉水点补给源即应是西陵山体中顺层流动的岩溶水。位于区内北侧的陆游泉的形成原因可能与J2截断由西陵山体向三游洞方向流动的层间水有关。

2.5　水的腐蚀性

本次的实际调查采取了雨水、长江水、③区内渗水(图2.5-1)进行水质分析。水化学分析的结果表明,雨水及泉水中钙镁离子差异巨大,这说明区内岩石可溶性强,且含有较多碳酸镁及碳酸钙化合物,地下水的循环条件较好。按库尔洛夫分类标准,三游洞石刻区地下水属低矿化度、弱碱性的重碳酸钙镁型。三游洞石刻区的雨水呈弱酸性,说明空气中含 CO_2、SO_2 等的有害气体增多,地下水对混凝土和钢筋具弱腐蚀性,这对区内摩崖题刻的保存非常不利。

(a)渗水面　　　　　　　　　　　(b)正在发育的石帘

图 2.5-1　三游洞景区③区内渗水情况

第 3 章　题刻区病害类型及成因

3.1　水害

3.1.1　概述

三游洞题刻区地处下牢溪与长江干流中间半岛，水文地质条件相对独立，主要水害来源于大气降水被覆盖层吸收、储存和下渗出露。经过漫长的侵蚀、冲刷，三游洞题刻区山体已经形成了规模较大的渗水路径和稳定的水害出露点。长期的雨水侵蚀和冲刷对题刻文物造成了严重的损坏，主要体现在如下方面：

（1）水害的溶蚀和冲刷作用使山体形成大量溶洞，当溶洞发展到一定规模时将对题刻区的整体或局部稳定造成严重威胁。

（2）水害出露在石刻表层造成干湿交替的环境，加速岩体风化，不利于石刻文物的长久保存。

（3）潮湿的环境给苔藓及各类微生物提供了良好的生存条件，生物的生长加速题刻文物的风化破坏，死后则导致石刻文物表面氧化形成黑斑，严重影响文物外观。

经现场调查，三游洞题刻区及其周边多处水害长期出露，或清晰可见水害出露的痕迹（表 3.1-1）。

表 3.1-1　三游洞水害现状一览表

位置	病害描述	现状照片
三游洞西南栈道	裂隙水从崖壁出露，使崖面局部长期处于潮湿状态，苔藓等微生物生长	

续表 3.1-1

位置	病害描述	现状照片
三游洞西南栈道	裂隙水从崖面出露,水量较大,栈道旁排水槽不能满足排水要求,雨量大时栈道出现漫水情况	
三游洞西南栈道	栈道旁岩体长期处于潮湿状态,微生物生长,侵蚀严重	
三游洞西南栈道	渗水裂隙埋置的临时排水管及接水铁桶,裂隙水害严重,出水量大	

续表 3.1-1

位置	病害描述	现状照片
三游洞西南栈道	石壁长期挂水,钟乳石正在形成	
三游洞内	三游洞石柱,柱周身大部分被苔藓等喜阴喜潮植被覆盖,风化严重	
三游洞内	洞内岩体多处被苔藓及各类微生物覆盖,岩体呈浅绿色。苔藓的生长加速岩体风化,造成岩体表面湿滑,对游客人身安全造成威胁	
三游洞内	洞内侧溶洞腰线以下常年潮湿、渗水	

续表 3.1-1

位置	病害描述	现状照片
三游洞口	题刻上侧裂隙常年有裂隙水渗出，侵蚀题刻	

3.1.2 水害现状

3.1.2.1 三游洞摩崖题刻水害现状

如图3.1-1所示，三游洞分内外两个洞室，两个洞室由石梯相连。外洞室开阔明亮，长约22.4m，宽约9.8m，底板基岩为细晶白云岩。内洞室相对狭窄，与外洞室高差近2.2m，底面由人工填土及白云质灰岩构成，底部轮廓近似一多边形，对角线长约17.6m、13.2m。洞内最大边界所围成的形状不规则，最大边界与内洞底板间由岩溶堆积物及细晶白云岩成陡坎过渡，对角线最长距离超过34m。洞内南侧有两个小型水平溶洞，规模不大，其中西侧溶洞延伸长度达6m。共有4处路口可出入内洞，位于西侧的耳洞，由J5及J6交会加剧溶蚀而成，该入口处宽约1.6m，向南延伸5m后，转向东侧，再向东延伸11m与柱一入口处相交。该入口大小、高度差异大，最窄处仅0.5m，而最宽处可达3.5m。另外，3处入口分别位于柱一西侧、柱二西侧和柱三东侧，可能是先期发育的裂隙四周先发生溶蚀，余下岩体孤立，从而形成石柱。各石柱大小不一，其中柱一规模最大，平面轮廓近似椭圆形，长轴和短轴长度分别为10.9m和5.5m。石柱表面均有钟乳石及石帘发育，发育于柱二中部的一块钟乳石因后缘裂隙发育，有坠落的危险。3根石柱前后是整个三游洞渗水最为严重的区域。

1. 洞顶

裂隙与地层的有机组合是控制三游洞平面展布形态的关键，此次调查在三游洞内外洞室范围内共圈定22条裂隙（图3.1-2）。这些裂隙包含9条卸荷裂隙（J10、J13、J14、J15、J16、J17、J18、J19、J20），走向平行于崖壁面近104°，隙宽5~35mm，裂隙表面一般有渗水痕迹及钟乳石覆盖。洞顶包含13条构造裂隙，走向分两组，一组（J1、J2、J3、J4、J5）以北西-南东向为主，近143°；一组（J6、J7、J8、J9、J21、J22）以北东-南西向为主，近220°。两组裂隙隙宽较窄，在3~12mm之间，无填充，鲜有渗水痕迹。

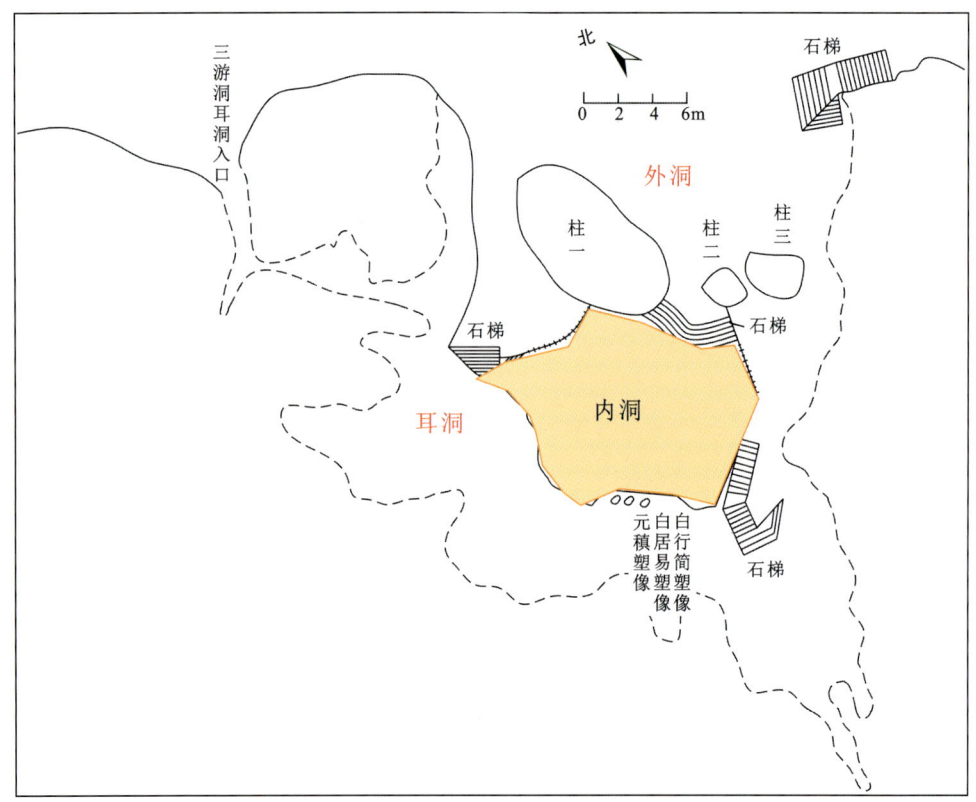

图 3.1-1　三游洞平面形态展布图

目前控制三游洞区内渗水的裂隙主要为平行于崖壁方向的卸荷裂隙,此类裂隙隙宽较大,向上延伸切穿洞顶细晶白云岩夹层,导致上部顺层流动的地下水沿此组裂隙向下渗流,最终出露于洞室内。图 3.1-3 为三游洞内外典型渗水裂隙现状。

2. 东壁

按各区所在位置,将东壁分为 5 个区(图 3.1-4),区内共有 7 处题刻、6 处碑刻。

1)东壁一区

区内无题刻,J17、J18、J19、J20 等几条卸荷裂隙形成的渗水是区内主要病害。另外,由于三游洞地区空气相对湿度较高,岩壁下部受凝结水影响明显。

2)东壁二区

区内共有 5 处题刻(图 3.1-5),此区病害成因是卸荷裂隙 J16 所引起的渗水及岩溶堆积。除题刻 5 外,其余题刻均发育在 J16 所形成的钟乳石上。各题刻病害情况调查如下。

(1)题刻 1。字迹清晰,题于钟乳石上,所依附的钟乳石由裂隙 J16 渗水溶蚀堆积而成,受渗水及生物病害影响。题刻长×宽约为 0.5m×0.5m,字宽×高约为 14cm×10cm。

(2)题刻 2。字迹清晰,题于钟乳石上,所依附的钟乳石由裂隙 J16 渗水溶蚀堆积而成,受渗水及生物病害影响。题刻长×宽约为 0.5m×0.4m,字宽×高约为 8cm×10cm。

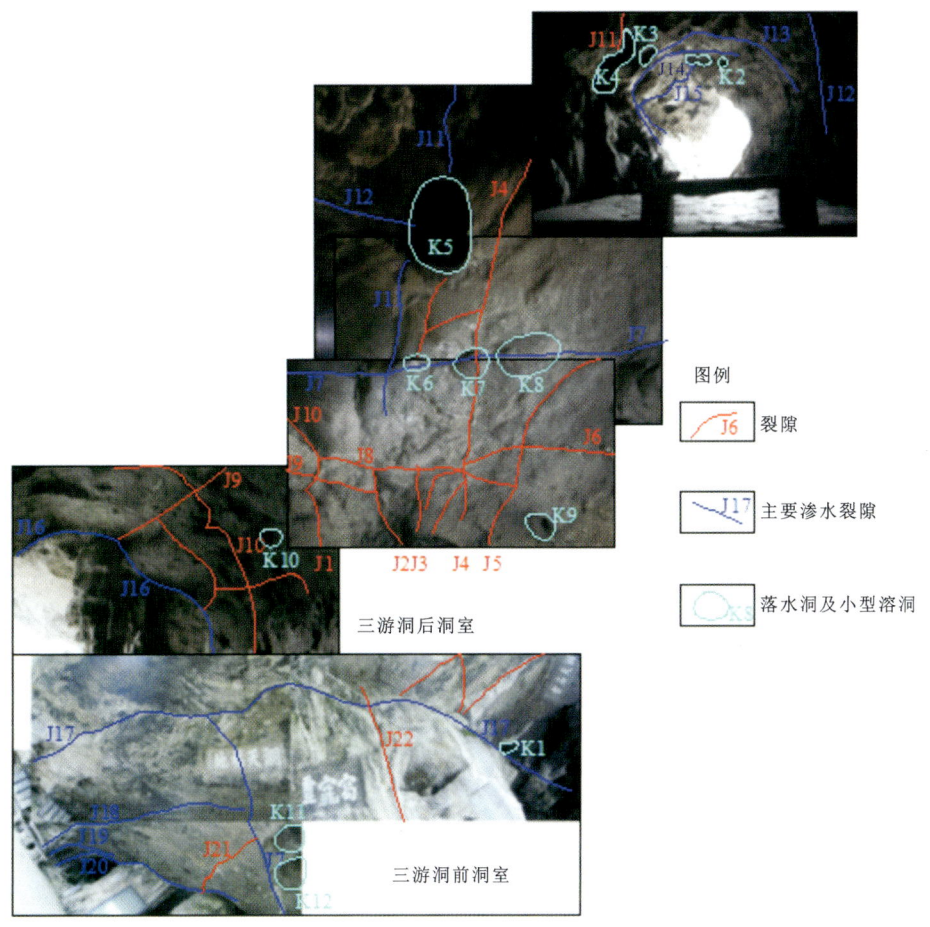

图 3.1-2 三游洞顶板裂隙分布图

(3)题刻3。字迹较清晰,有轻微风化,可见泥痕、渗水痕迹,所依附的钟乳石由裂隙J6渗水溶蚀堆积而成。题刻长×宽约为0.4m×0.4m,字宽×高约为10cm×8cm。

(4)题刻4。题刻字迹较为清晰可辨,局部人为涂画,受渗水及生物病害影响,边界遭裂隙切割。题刻长×宽约为0.3m×0.32m,字宽×高约为4cm×4cm。

(5)题刻5。字迹模糊,不能清晰辨认,表面风化严重,局部有泥痕残留,边界受裂隙切割。题刻长×宽约为1.2m×0.6m,字宽×高约为7cm×10cm。

3)东壁三区

区内共有两处碑刻,来自细晶白云岩的地下水流是该区存在的主要病害,在细晶白云岩出露岩腔内有苔藓等喜湿植被附着,由于缺少保护,碑刻表面风化严重,局部缺失(图3.1-6)。两处碑刻病害情况调查如下。

(1)碑刻1。字迹模糊,不能清晰辨认。碑刻表面风化严重,有泥痕残留,边缘被破坏,可见缺失及后期修补痕迹。碑刻长×宽约为0.66m×0.5m,字宽×高约为2.5cm×2.5cm。

(a) J16表面钟乳石、石帘　　　　　　(b) J18、19、20表面钟乳石、渗水痕迹

(c) J17横穿前室表面钟乳石、渗水痕迹、苔藓发育

图 3.1-3　三游洞内外典型渗水裂隙现状

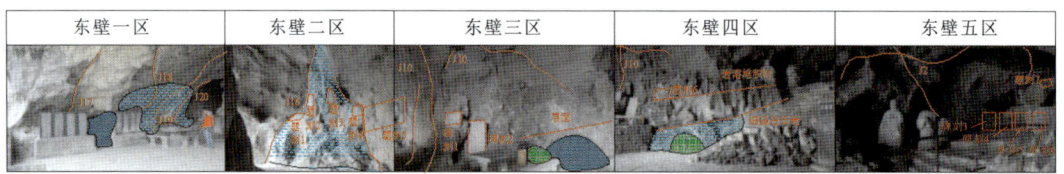

图 3.1-4　三游洞东壁各区典型渗水裂隙现状图①

（2）碑刻2。字迹清晰可辨，字体大小不一，表面有泥痕残留，左下角破损缺失，有污损。碑刻长×宽约为 0.68m×1.48m，字小者宽×高约为 2.5cm×2.5cm，字大者宽×高约为 4cm×4cm。

---

① 此章各病害图例如下：裂隙　渗水　植被生长　凝结水　风化剥落　题刻表面字迹模糊不清。每幅图不再单独列出图例。

(a)题刻1　　　　　　　　　　　　(b)题刻2

(c)题刻3　　　　　　　　　　　　(d)题刻4

(e)题刻5

图3.1-5　东壁二区题刻1～5保存现状

4)东壁四区

此区仅有题刻6一处题刻,细晶白云岩层在区内出露较好,该层上部可见岩溶堆积物,沿层可见渗水及苔藓发育痕迹。

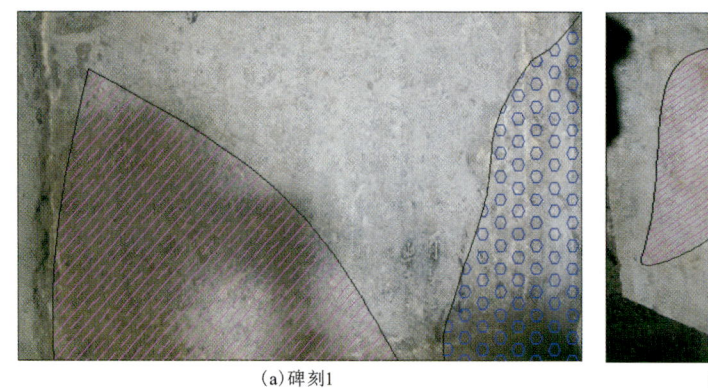 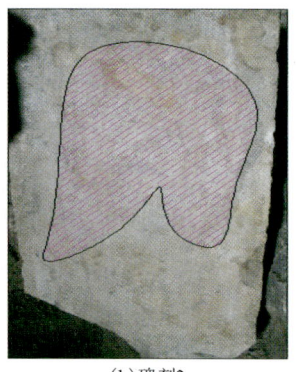

(a)碑刻1　　　　　　　　　　　　　(b)碑刻2

图 3.1-6　东壁三区碑刻 1～2 保存现状

题刻 6 字迹清晰，形态可辨，表面稍有风化，题刻长×宽约为 0.36m×0.3m，字宽×高约为 3cm×2cm（图 3.1-7）。

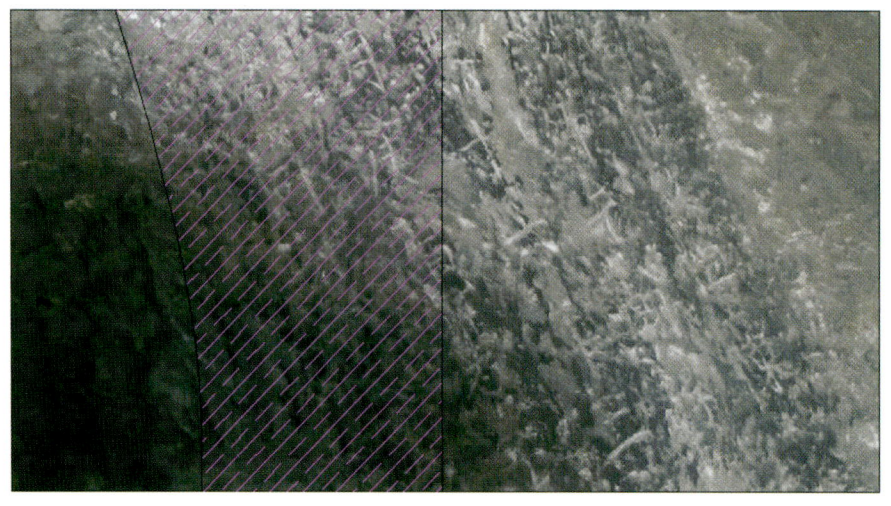

图 3.1-7　东壁四区题刻 6 保存现状

5）东壁五区

此区有一块位于内洞南侧支洞上方的题刻及后期复刻的 4 处碑刻（图 3.1-8），发育多条裂隙，局部可见泥痕，在位于西侧的小型溶洞中可见渗水印记。各题刻和碑刻病害情况调查如下。

（1）题刻 7。字迹清晰，形态可辨，颜色为绿色，四周有锚杆，题刻长×宽约为 0.6m×0.4m，字宽×高约为 8cm×10cm。

（2）碑刻 1～4。碑刻 1～4 距内支洞口大约 2.3m，四者大致位于一条水平直线上，其中碑刻 1、碑刻 3、碑刻 4 为文字碑刻，碑刻 2 为图案雕刻。碑刻 1、碑刻 2、碑刻 3 为五棱柱，碑

(a)东壁五区泥痕及裂隙

(b)西侧溶洞内渗水痕迹

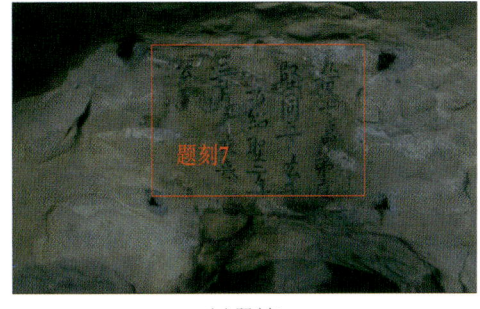
(c)题刻7

(d)碑刻3~6

图 3.1-8　东壁五区题刻及其他病害现状

刻 4 为六棱柱。碑刻 1 字迹清晰可辨,字体大小不一;碑刻 2 图案清晰,上部破损,左右两侧字迹清晰;碑刻 3 字迹清晰,左侧上部有破损;碑刻 4 字迹清晰可辨,字体大小一致。

3. 西壁

将内室西侧支洞至外室崖壁定义为西壁,按岩壁延伸方位将西壁分为 3 个区。其中一区指由西侧支洞口向北延伸至内室二区溶洞口一段,二区、三区如图 3.1-9 所示。

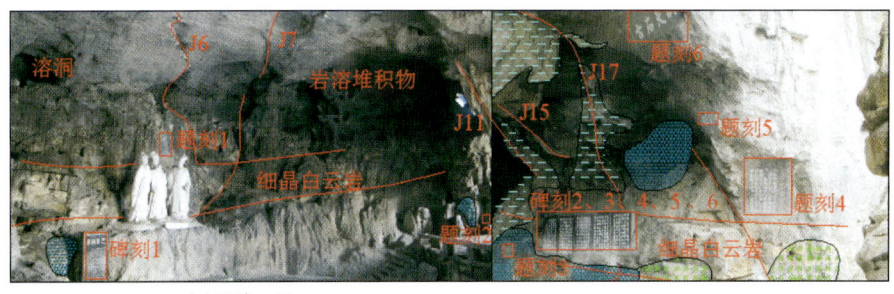

图 3.1-9　西壁二区、三区全景图

1)西壁一区

区内无题刻赋存,发育两个落水洞,可见泥痕及渗水痕迹存在(图 3.1-10)。两个落水洞直径分别约为 65cm、85cm,泥痕线高 1.5m。

图 3.1-10 西壁一区泥痕及落水洞

2)西壁二区

该区共有两处题刻、一处"三游洞序"碑刻赋存,是三游洞内室的主壁[图 3.1-11(a)~(c)]。此区虽裂隙切割严重,但无显著渗水病害。岩壁下侧受凝结水及风化作用影响,壁面上布有暗黑色、墨绿色休眠苔藓[图 3.1-11(d)]。各题刻和碑刻病害情况调查如下。

(1)碑刻 1。碑刻"三游洞序",碑身高 2m、宽 0.85m。碑刻字迹清晰可辨,字体大小不一,碑面有人为损坏痕迹,外缘有铁质框架,铁质框架氧化生锈严重,碑面有铁锈污损,局部有破损。碑内字大者宽×高约为 11cm×12.5cm,字小者宽×高约为 3cm×3.5cm。

(2)题刻 1。位于三游洞汉白玉雕像西侧上方 J6 裂隙以东。保存较好,字迹清晰可辨,颜色为白色,无明显病害,局部有前期小型溶槽发育。题刻长×宽约为 1.1m×0.8m,字大者宽×高可达 7cm×9cm,字小者宽×高约 4cm×5cm。

(3)题刻 2。位于三游洞西侧耳洞东侧,距地面高度 0.6m 左右,受 J11 渗水及凝结水影响,题刻表面风化溶蚀严重,可见较多泥尘。题刻字迹清晰可辨,字体大小一致,整体保存较好。题刻长×宽约为 0.3m×0.5m,字宽×高约为 5cm×4cm。

3)西壁三区

该区是西壁主要文物赋存处,共有 4 处题刻、5 处碑刻。受 J11、J15、J17 裂隙切割形成渗水影响,该区渗水病害突出(图 3.1-12)。另外,因该区靠近崖壁且紧邻下牢溪,受凝结水影响亦十分明显,在细晶白云岩层面位置可见植被生长。各题刻和碑刻病害情况调查如下。

(1)题刻 3。距地面高度约为 1m,受渗水及生物病害影响,表面风化较严重,有休眠苔藓附着,字迹模糊。题刻长×宽约为 0.35m×0.40m,字大小不一,大者宽×高达 4.5cm×4.5cm,小者宽×高约为 2cm×2cm。

(2)题刻 4。字迹清晰可辨,东侧有裂隙渗水,表面轻微风化,上部有渗水痕迹及休眠苔藓污染。题刻长×宽约为 1.13m×1.38m,字宽×高约为 7cm×9cm。

(3)题刻 5。字迹清晰,表面轻微风化,题刻长×宽约为 0.4m×0.35m,字宽×高约为 6cm×6cm。

(a)碑刻1

(b)题刻1

(c)题刻2

(d)休眠苔藓附着岩壁

图 3.1-11　西壁二区文物点现状及病害分布图

(4)题刻6。距地面高度超过4.8m,保存较好,字迹清晰可辨,仅右下角有暗色休眠苔藓附着,推测为外侧崖壁季节性渗水造成。题刻长×宽约为2m×0.9m,字宽×高约为25cm×30cm。

(5)碑刻2～6。由洞内至洞外碑刻编号依次为2、3、4、5、6,碑刻长×宽约为0.6m×1m,字大小不一,大者宽×高约为6cm×6cm,小者宽×高约为4cm×5cm。碑刻字迹清晰,仅3号碑刻有人为涂画痕迹。

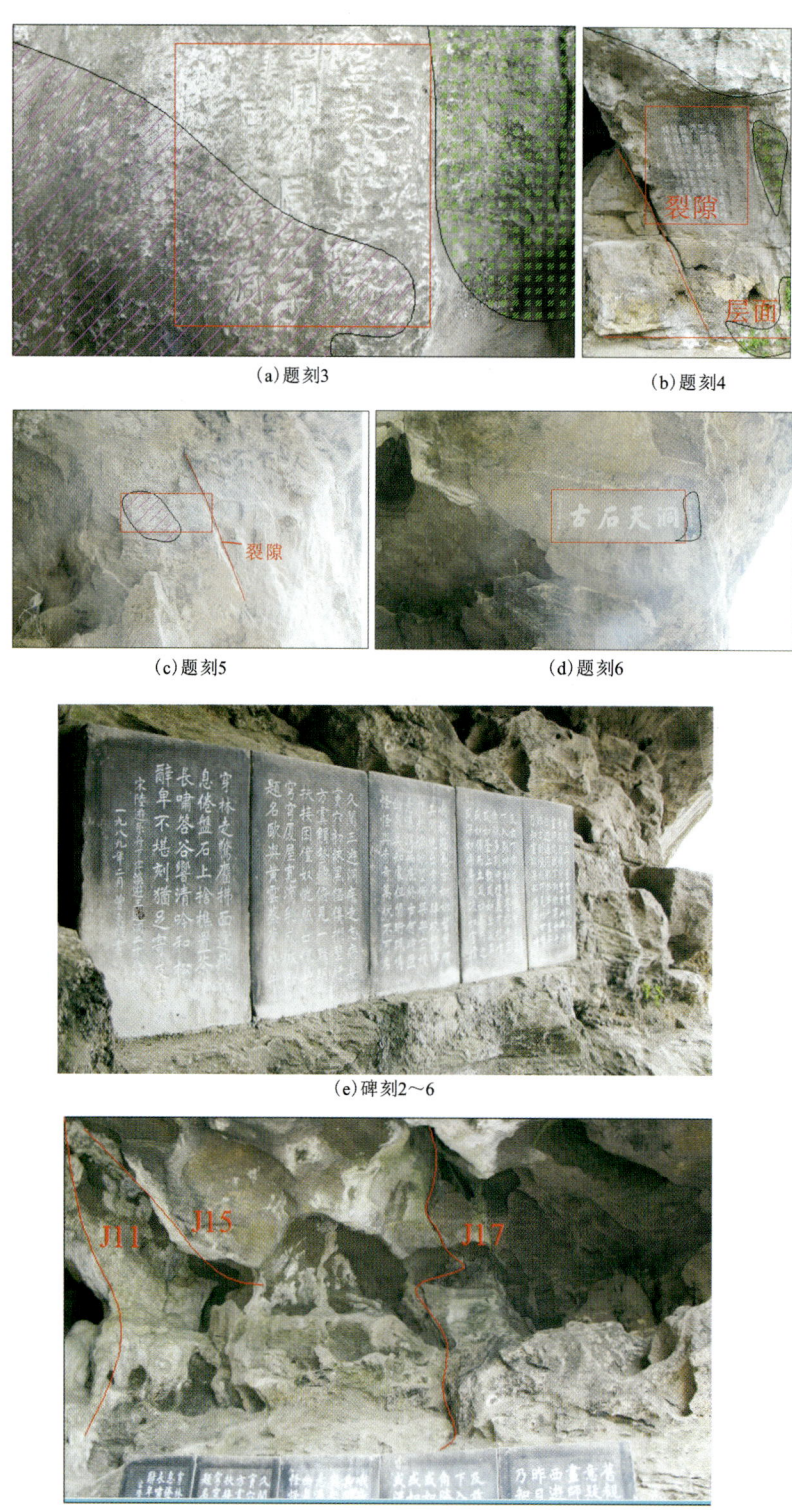

图 3.1-12 西壁三区文物点现状及病害分布图

4. 北壁

按岩壁走向将三游洞内室北壁划分 3 个区(图 3.1-13),其中一区是该壁主要文物依存处,共有 2 处题刻。北壁二区、三区受卸荷裂隙 J12、J13、J16 渗水影响明显,围绕 3 根石柱,石帘、钟乳石广泛发育,渗水现象随处可见。

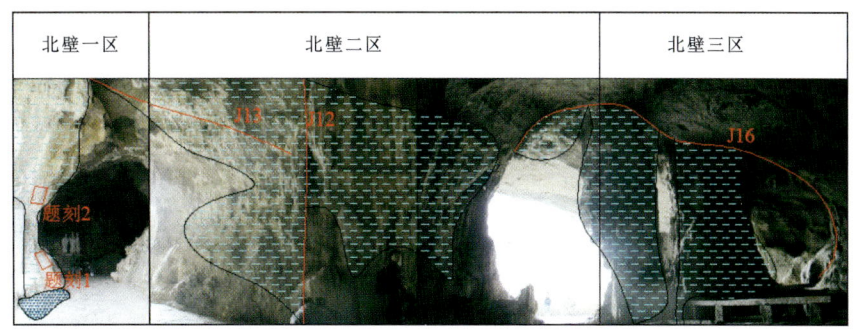

图 3.1-13 北壁全景图

1)北壁一区

区内共有题刻 2 块,受外室裂隙 J17 渗水影响(图 3.1-14)。题刻病害情况调查如下。

(a)题刻 1(两侧苔藓附着)　　　　　　(b)题刻 2

图 3.1-14 北壁一区题刻现状

(1)题刻 1。题于钟乳石上,距地面 1.1m 左右,字迹模糊,风化、溶蚀严重,小型溶沟、溶槽发育,表面有渗水及生物病害,苔藓附着。题刻长×宽约为 0.2m×0.45m,字宽×高约为 10cm×10cm。

(2)题刻 2。距地面 2.9m,字迹清晰,无明显病害,保存较好。题刻长×宽约为 0.4m×0.6m,字宽×高约为 6cm×7cm。

2)北壁二区、三区

北壁二区、三区是整个三游洞中渗水最为严重的区域,由 J12、J13、J16 等几条主要卸荷裂隙控制,其中 J12 裂隙在柱一东侧与 J7 构造裂隙相交,J16 与构造裂隙 J9 在柱二西侧相交,裂隙相交加剧了石柱顶部渗水病害,围绕 3 根石柱的内外侧,可清晰地观察到正在发育的钟乳石、石帘及滴水现象(图 3.1-15)。

(a)柱一侧J12、J13渗水形成的石帘

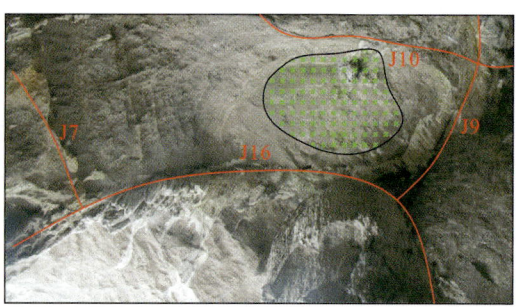
(b)柱一及柱二顶部裂隙相交，钟乳石生长

(c)柱二、柱三顶部被J16切割，钟乳石生长

(d)J16裂隙下方可见滴水现象

图 3.1-15　三游洞内室北壁二区、三区裂隙切割形成的渗水现象

5. 南壁

整个南壁共有17处题刻，主要分布在柱一的西侧、北侧及柱三东侧，按照所处位置分为3个区。柱一西侧题刻为南壁一区，北侧题刻为南壁二区；柱三东侧题刻为南壁三区（图 3.1-16）。

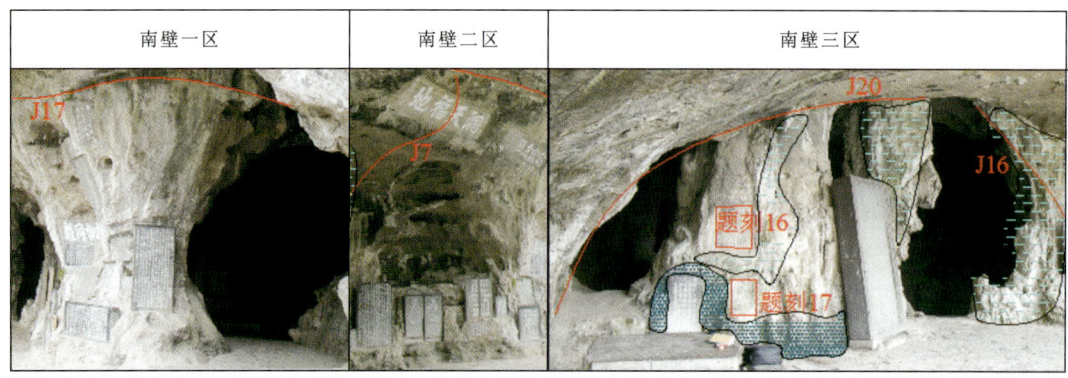

图 3.1-16　三游洞外南壁整体保存现状

1)南壁一区

区内共有9处题刻,立壁顶部被3条渗水裂隙切割,岩体较为破碎,裂隙附近有草绿色青苔和草本植物生长,水流顺裂隙向下流动,在柱表面形成溶蚀痕迹和溶蚀凹槽,立柱的上部有一溶洞发育,正下方有小型溶蚀凹槽发育。各题刻病害调查如下。

(1)题刻1(图3.1-17)。右下部有片状剥落,局部溶孔发育,四周边框有破损,题刻整体保存较为完整,字迹清晰。

(2)题刻2(图3.1-17)。表面风化较为严重,字迹模糊不清,无法辨认,左侧有一垂直条带状颜料污染。局部微裂隙和溶孔发育,由于水流侵蚀作用,表面有黑褐色苔藓生长。

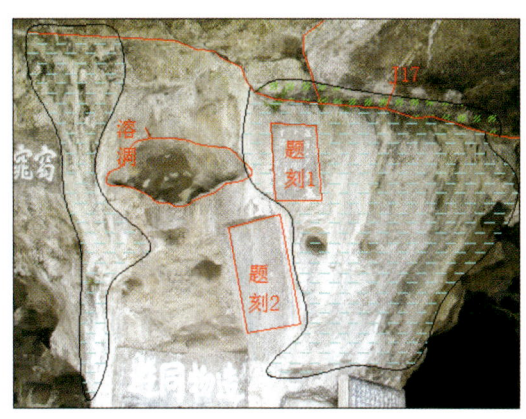

图3.1-17 南壁一区题刻1、2现状

(3)题刻3。局部片状剥落,有白色颜料褪色及拓片残留墨迹形成的污染,建议清洗污染物。整体保存较为完整,字迹清晰。顶部发育有一小型溶洞,直径35cm左右,表面有微裂隙和刀砍纹发育。

(4)题刻4。保存完整,字迹清晰,表面有水流冲刷痕迹和拓片残留的墨迹,有人为涂画现象及微裂隙发育。

(5)题刻5。岩体风化较为严重,字迹模糊不清,表面有微裂隙发育,且有渗水痕迹存在。

(6)题刻6~9。岩体风化严重,字迹模糊不清,仅有少数字体可辨认,岩体表面溶蚀作用明显,溶蚀痕迹大面积分布,表面有黑褐色苔藓和草本植物生长。在题刻9顶部有一导水槽,一旁的复刻石碑保存完好,字迹清晰。

南壁一区题刻3~9现状如图3.1-18所示。

2)南壁二区

区内有6处题刻、7处碑刻。其中题刻10和题刻11位于外室顶板上,下部有6个溶洞发育,溶洞大小不一。围绕题刻10和题刻11所在区有3处渗水裂隙发育,岩溶作用较为明显,崖壁表面有渗水痕迹和岩溶堆积物存在,渗水部位有黑褐色休眠苔藓或草本植物生长。各题刻病害情况调查如下。

(1)题刻10。保存较为完整,字迹清晰,仅四周的龛檐破碎。题刻中部及顶部被裂隙切割,有明显的渗水痕迹,表面局部有白色颜料褪色造成的污染,建议灌浆充填中部切割裂隙,

图 3.1-18　南壁一区题刻 3~9 现状

重新修筑龛檐,将水流东引,并利用防渗材料灌浆入渗裂隙充填(图 3.1-19)。

(2)题刻 11。除表面有拓片残留墨迹、溶蚀现象及左下角局部片状剥落病害外,整体保存较为完整,字迹清晰(图 3.1-19)。

图 3.1-19　南壁二区题刻 10、11 现状

(3)题刻 12。刻槽内有草绿色青苔和草本植物生长,由于表面局部片状剥落及残留拓片墨迹,个别字体模糊不清,但其余字迹清晰,整体保存较好(图 3.1-20)。

(4)题刻 13。周围岩体风化溶蚀较为严重,但字迹清晰可辨,保存较为完整,仅局部存在拓片痕迹及发育微裂隙,存在一定片状剥落现象(图 3.1-20)。

(5)题刻 14。破坏较为严重,字迹已模糊不清,仅字形可见。表面呈不同程度片状剥落,同时发育有大小不一的溶孔,溶孔最大直径 2cm。刻槽及周围有黑褐色休眠苔藓和草本植物生长,其前方为复制的碑刻(图 3.1-20)。

(6)题刻 15。表面有拓片残留的墨迹及大小不一的溶孔,溶孔最大直径 3cm,其内有草绿色青苔生长。题刻表面因风化和水侵蚀有条带状刻痕存在,四周均有溶蚀现象。题刻整体保存较好,字迹清晰。下方碑刻保存较为完好,字迹、人物形态清晰可辨(图 3.1-21)。

图 3.1-20　南壁二区题刻 12~14 现状

图 3.1-21　南壁二区题刻 15 现状

3）南壁三区

区内共有两处题刻，受 J20 裂隙溶蚀及渗水作用影响，题刻整体保存较差（图 3.1-22）。各题刻病害情况调查如下。

(1) 题刻 16。距地面 1.5~2.3m，宽约 50cm。字迹清晰，但由于缺少保护，表面风化、溶蚀严重，局部片状剥落。

(2) 题刻 17。受凝结水影响严重，表面有大量休眠苔藓附着，风化、溶蚀严重，局部掉块，但字迹清晰可辨。

3.1.2.2　三游洞北栈道侧题刻水害现状

三游洞北栈道侧题刻主要分布于三游古洞牌坊以东至三游洞主洞口崖壁一带，共计有题刻 21 处。为方便描述，按题刻所处位置由北向南划分为 5 个区。

 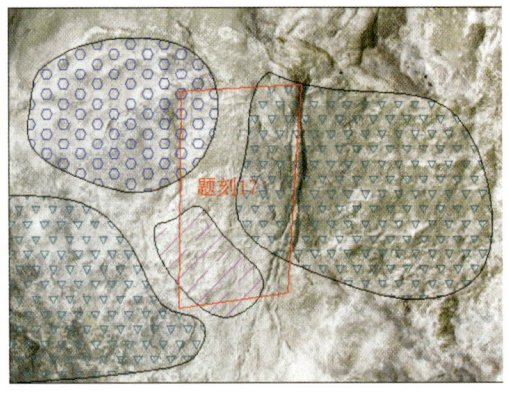

(a)题刻16　　　　　　　　　　　　　　(b)题刻17

图3.1-22　南壁三区题刻16、17现状

1. 栈道侧一区

区内共有1处题刻,上书"灵区"。该题刻位于三游洞牌坊东侧,所依附的崖壁由J4裂隙切割溶蚀而成。题刻顶部有一龛檐和一蜂窝状溶孔,中部有垂直青苔及其他植被生长,四周有草本和青苔留存。受坡面水影响,题刻表面有白色颜料污染。题刻字迹较为清晰,整体保存较好,建议在龛檐后修筑一引水沟槽,对龛檐进行改造加长,并选用防水材料对题刻左下方的风化凹槽进行支撑加固,清理表面白色污迹,换用不易溶蚀的材料重新上色,并清除四周覆盖植被(图3.1-23)。

图3.1-23　栈道侧一区题刻现状

2. 栈道侧二区

该区位于三游洞支洞西侧,共有 10 处题刻,各题刻病害情况调查如下。

(1)题刻 1(图 3.1-24)。为民国段世德题写的对联,上部有一"人"字形导水槽。题刻表面分布有微裂隙和小溶孔,在微裂隙和小溶孔内有渗水痕迹。题刻字迹清晰,仅局部有白色颜料污染痕迹,整体保存较好。建议对溶孔和微裂隙进行充填封堵,并清洗表面颜料污迹,换用防水涂料重新上色。

图 3.1-24　栈道侧二区题刻 1 现状

(2)题刻 2(图 3.1-25)。仅表面有片状剥落现象,无水侵蚀痕迹,整体保存较为完好。崖顶藤菱对题刻有遮挡,建议及时清除。题刻两侧受卸荷裂隙切割,形成不稳定体,高 50cm,厚 30cm,建议进行注浆加固。

(3)题刻 3(图 3.1-25)。保存完整,字迹清晰,无水侵蚀痕迹,表面有拓片残留墨迹。

(4)题刻 4。整体保存较好,字迹清晰。东侧由于冕檐水滴落形成挂流致使题刻表面产生灰白色条带,西侧有藤蔓遮挡。

图 3.1-25　栈道侧二区题刻 2、3 现状

(5)题刻 5。保存完整,字迹清晰,表面有 3 条渗水痕迹,西侧有一条沿龛檐和岩壁结合部位形成的痕迹,建议进行改造,后侧修筑一个排水沟,将东侧抬高,将水向西排。受渗流影响。

(6)题刻 6。清代题刻,保存完整,字迹清晰,无渗水影响。

(7)题刻 7、8。题刻 7 整体保存较好,字迹清晰,受坡面挂流影响,靠西侧被白色颜料污染。题刻表面发育有小型溶孔,直径 2～4cm,局部有片状剥落及风化痕迹。题刻 8 为民国时期题刻,整体保存较好。受上部题刻 7 挂流影响,西侧亦有白色条带污染。

(8)题刻 9。局部发育有蜂窝状溶孔,下部有褐色休眠苔藓生长,底部被大面积草绿色和褐色苔藓覆盖。顶部有二级平台,建议在平台上修筑排水沟,东侧用填土加固,以便将水从西侧导出。

(9)题刻 10。整体完好,字迹清晰,表面发育有小溶孔,局部有片状剥落风化现象。

栈道侧二区题刻 4～10 位置及病害分布如图 3.1-26 所示。

 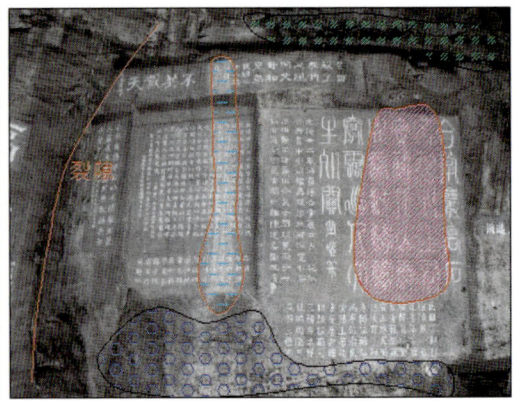

图 3.1-26　栈道侧二区题刻 4～10 位置及病害分布

3. 栈道侧三区

该区位于三游洞支洞西侧，立壁有4处题刻（图3.1-27），各题刻病害情况调查如下。

图3.1-27　栈道侧三区题刻1~4位置及病害分布

(1)题刻1。光绪年间题刻，保存较为完整，字迹清晰。受挂流影响，颜料污染表面，有一条裂隙斜切穿题刻中部。其中右侧有一坡面挂流侵蚀痕迹，建议在题刻顶部修筑龛檐或导水槽。

(2)题刻2。已模糊不清，仅字迹隐约可见。

(3)题刻3。字迹保存尚好，重叠于旧题刻之上。

(4)题刻4。明代题刻，岩体表面有溶孔发育，白色颜料有褪色污染痕迹。重叠于旧题刻之上，表面残留有拓片墨迹。

4. 栈道侧四区

三游洞支洞东侧有2幅题刻（图3.1-28），题刻仅表面有风化剥落现象，整体保存完好。题刻位于凹槽顶部，下部悬空，两侧受卸荷裂隙切割，处于不稳定状态，建议支撑加固。右侧有溶孔发育和草绿色青苔生长，建议采用防渗材料充填溶蚀孔洞。上方有一冲沟和平台，建议修筑排水沟。

5. 栈道侧五区

(1)题刻1。保存较为完整，字迹清晰。表面有大小不一的溶孔发育，孔径5~20mm，局部有片状剥落现象，挂流痕迹明显，有少量泥质覆盖。题刻两侧岩体破坏较为严重，建议在题刻正上方修筑龛檐，防止雨水直接冲刷。

(2)题刻2。整体较为完整，仅右下角岩体破坏，表面有拓片残留的墨迹。题刻表面有溶孔发育，且左侧有3条微裂隙发育切割，题刻局部有片状剥落现象。

图 3.1-28　栈道侧四区题刻 1、2 位置及病害分布

(3)题刻 3。保存完整,字迹清晰,仅表面有拓片残留墨迹及大小不一的溶孔发育和微裂隙分布,建议用防渗材料将裂隙和溶孔充填。

栈道侧五区题刻 1~3 位置及病害分布如图 3.1-29 所示。

图 3.1-29　栈道侧五区题刻 1~3 位置及病害分布

(4)题刻 4(图 3.1-30)。风化较为严重,整体模糊不清,仅字迹依稀可辨。题刻表面有渗水痕迹和泥质残留物,局部有片状风化剥落现象,且右侧有垂直条带状黑褐色休眠苔藓生长,在距离地面高度 1.5m 的右下方有游人肆意刻画的痕迹。

(4)题刻 5(图 3.1-31)。较为破碎,表面字迹模糊,轮廓依稀可见,字迹刻槽内有拓片残留的墨迹,表面有受水侵蚀的痕迹,发育大小不一的溶孔,局部有片状剥落现象和微裂隙分布。

综上,栈道侧题刻区内病害主要包括:渗水导致的题刻修复颜料脱色,污染题刻表面;裂隙切割、片状剥落及局部风化凹槽发育导致字体缺失;风化及溶蚀作用导致题刻表面字迹不清;苔藓及其他植被覆盖,影响题刻美观。

图 3.1-30　栈道侧五区题刻 4 位置及病害分布

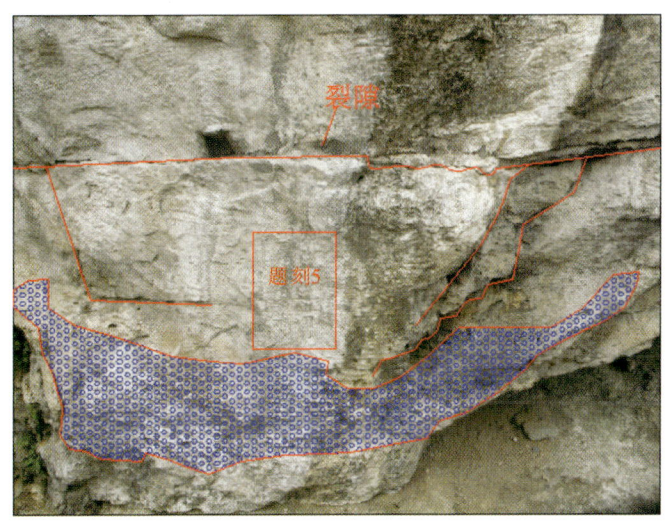

图 3.1-31　栈道侧五区题刻 5 位置及病害分布

针对修复颜料脱色造成的污染,建议清洗题刻表面,改用不易溶于水的颜料重新临摹;针对龛檐破损、缺失病害,建议修复不具备挡水阻水功能的壁龛,阻止上部挂流溶蚀题刻表面;针对由风化、片状剥落及溶孔造成的字迹模糊缺失,建议统一临摹并注浆修补;建议清除不利于题刻保存的植被及苔藓。

3.1.3　病害成因

对三游洞四壁共 32 处题刻进行调查后,统计了导致题刻病害的各因素占比,如图 3.1-32 所示。影响三游洞内文物保存的主要因素可以归结为以下两点:①裂隙切割,导致崖壁渗水,

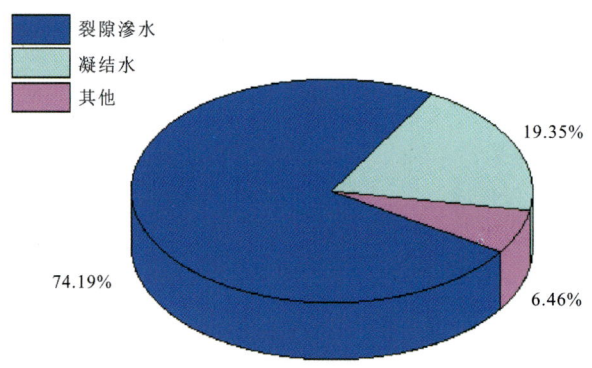

图 3.1-32　三游洞四壁病害成因统计饼图

题刻本体风化、溶蚀加剧,引起题刻四周苔藓及碳酸钙附着沉积(占病害总数的74.19%);②区内相对湿度高,促进水汽凝结,题刻表面苔藓及其他微生物生长(占病害总数的19.35%)。

因素①是三游洞内题刻保护面临的主要问题,由裂隙J17、J20控制的外室渗水环境导致了南壁17处题刻中有14块不同程度地遭受渗水及碳酸钙附着的影响;在东壁二区内的4块题刻赋存于J16裂隙发育的钟乳石上,由于沿J16裂隙不断有地下水渗出,题刻表面苔藓大量滋生,碳酸钙附着;西壁三区的题刻3～6受J11、J15、J17切割渗水及崖壁挂流影响突出。

除上述文物本体直接遭受由裂隙切割导致地下水入渗影响外,区内3根石柱的内外侧亦是裂隙切割导致渗水加剧的重灾区。围绕3根石柱共发育有9条重要渗水裂隙:室外共4条,分别是J17、J18、J19、J20,J17和J20是外室渗水的关键性裂隙,直接控制柱一外侧,柱二、柱三外侧渗水;内室共5条,分别为J7、J9、J12、J13、J16,J16及J12基本控制了内室柱二、柱三内侧及柱一内的渗水环境。为弄清三游洞洞室渗水环境,给题刻保护提供科学依据,此次勘察选取柱一至内室南侧溶洞剖面(图3.1-33)及柱二至内室汉白玉雕像剖面(图3.1-34),查明三游洞洞室渗水环境,并就题刻保护给出建议。

前述资料表明三游洞渗水主要发生在3根石柱的前后两侧,受J16、J17等几条卸荷裂隙控制。结合整个区内地层情况、水文地质模型,对三游洞水文地质环境进行归纳总结。

由于三游洞顶板岩体与西陵山体完全隔开,故洞内的渗水主要来自洞顶平台补给。据现场工作人员介绍,三游洞2001年以前渗水较为严重,沿洞内3根石柱前后两侧有线状水流出露。2001年由于区内景观改造,三游洞顶部对应平台被黏土重新填充。自此以后,洞内渗水逐年减弱,2015年11月份现场调查在区内共统计出8处渗水点,且其中5处位于3根石柱内侧,受J16控制,以滴水形式外渗,流速较慢;另外两处位于外室,受J17和J20控制,亦以滴水形式外渗,流速较慢;余下1处发育在内室南侧溶洞内,渗流影响范围较小。从上述现象可推断:①黏性土层的铺设与三游洞渗水相关;②三游洞内几条主要渗水裂隙与崖顶平台间存在联系。黏性土层铺设对洞内渗水的影响如下:①黏性土层渗透性差,不利于地表水下渗,崖顶铺设黏性土层后,降雨及地表水入渗率降低,面流排泄增加;②部分下渗的地表水流裹带着黏土颗粒填充裂隙,导致岩体渗透率降低。对于崖顶平台与三游洞内的水力

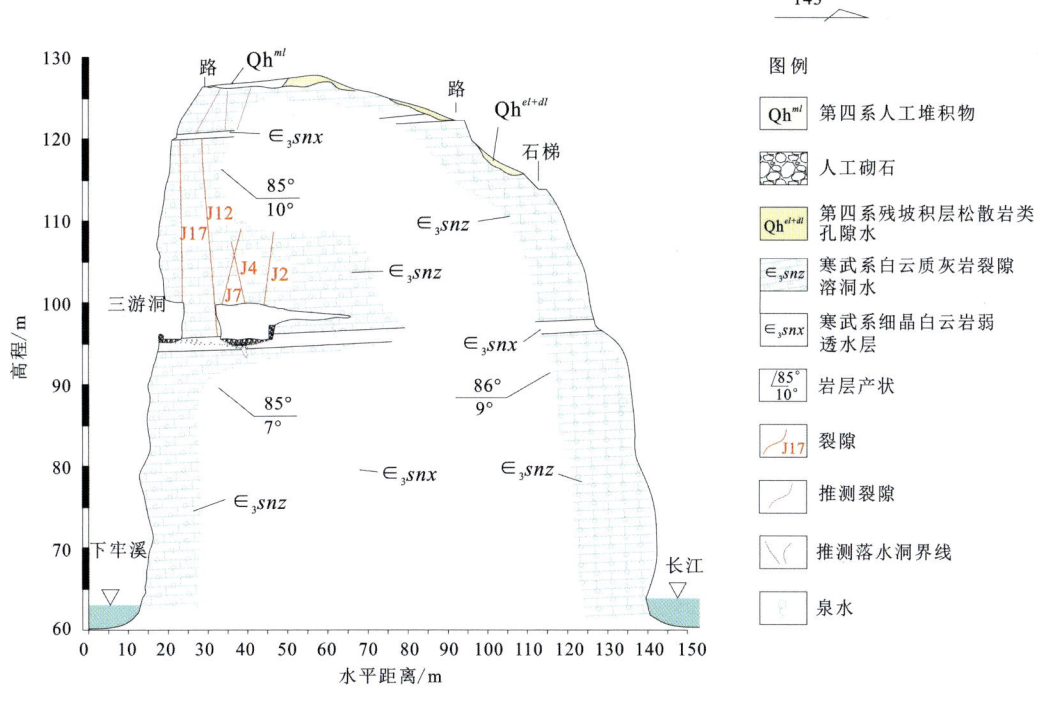

图 3.1-33 柱一至内室南侧溶洞剖面

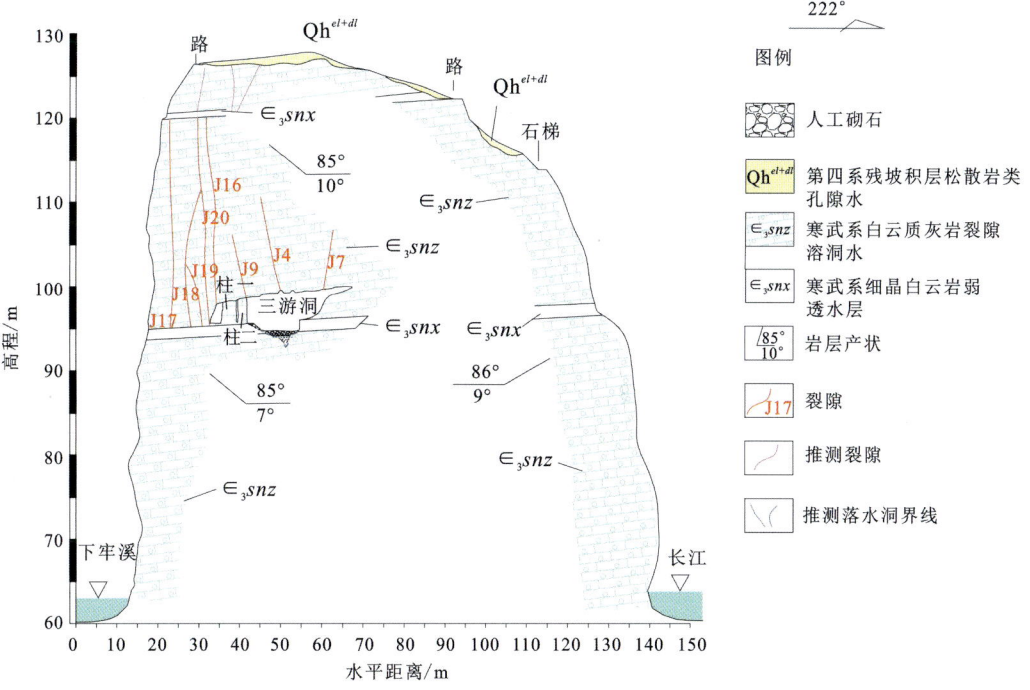

图 3.1-34 柱二至内室汉白玉雕像剖面

联系,需考虑三游洞顶板至崖顶间的细晶白云岩层。细晶白云岩受力时塑性变形明显,故推断发育于三游洞中的渗水裂隙并没有切穿该层,而是直接与顶部平台间保持水力联系,终止于该层,其与上部入渗水流的联系通过该层细晶白云岩以上的溶蚀裂隙建立。除上述现象外,三游洞中的渗水与季节降水相关。

综上,可将三游洞洞室水文地质模型归纳如下:J12、J16、J17、J20是洞区控制性渗水裂隙,它们向上切割,与细晶白云岩相交,上部水流及层面水流顺裂隙流入洞中,由于切割范围较大,4条裂隙汇水面积亦相对较大,导致渗水病害明显。J18、J19等次级渗水裂隙则通过与上述4条主要裂隙相交获取补给源,故渗水病害相对前者较弱。区内其他构造裂隙,如J2、J4等,由于延伸较短,没有切穿上部细晶白云岩含水层,故渗水现象不发育。因几条主要渗水裂隙均分布于3根石柱内外侧,故区内渗水病害主要围绕3根石柱前后发育,洞内室鲜有渗水病害。由于三游洞顶板以上岩体与西陵山体隔离,区内渗水主要靠来自洞顶平台的汇水补给。因黏性土层的铺垫有效降低了地表水向地下水的转换率,加之汇水面积较小,故可推断除遭受大规模气候变化及地震活动外,三游洞渗水病害不会加剧。J16渗水加剧了题刻表面苔藓、钟乳石覆盖及溶蚀,建议在题刻四周开凿导水槽,引导渗水排泄;由J17引起的南壁渗水病害,建议在柱一上侧修筑一条人工导水槽,采用管道将水流引至地表。对题刻表面赋存的苔藓及碳酸钙沉淀,建议清洗,并用防渗材料重新临摹。

因素②的影响与题刻距地面的高度息息相关。据现场调查,凝结水影响一般集中在0.2～1.5m范围内。受凝结水影响的题刻主要为外室南壁的题刻15、16、17和内室北壁的题刻1及西壁题刻2。这些题刻表面一般风化、褪色严重,有墨绿色休眠苔藓附着。对上述题刻的保护,建议清洗受污染表面,采用耐风化、耐溶蚀材料临摹题刻,对价值较高的题刻,可采用一定的隔离手段,避免其与空气直接接触。

3.2 危岩体

3.2.1 分布范围

危岩体是区内主要的不良地质现象。长江及下牢溪的下切作用形成三游洞三面临空的地貌格局,在长期构造应力、风化作用下,区内沿着临空方向发育有大量裂隙。这些裂隙的存在破坏了岩体完整性,在遭受暴雨或地震作用时,这些被切割的岩体极易沿着临空方向产生运动,发生失稳。

沿着下牢溪侧栈道(北栈道)、长江侧栈道(南栈道)及区内其他旅游线路均有多处危岩体零星分布,前期勘察工作报告《宜昌三游洞岩土工程勘察报告》[中国地质大学(武汉)]中共圈定21块危岩体。2015年10月,北京国电水利电力工程有限公司对现场进行了补充调查,再次圈定了13块危岩体,共计圈定34块危岩体。其中,位于三游洞摩崖题刻保护范围内的危岩体共11块(W1～W11),具体分布范围见图3.2-1。

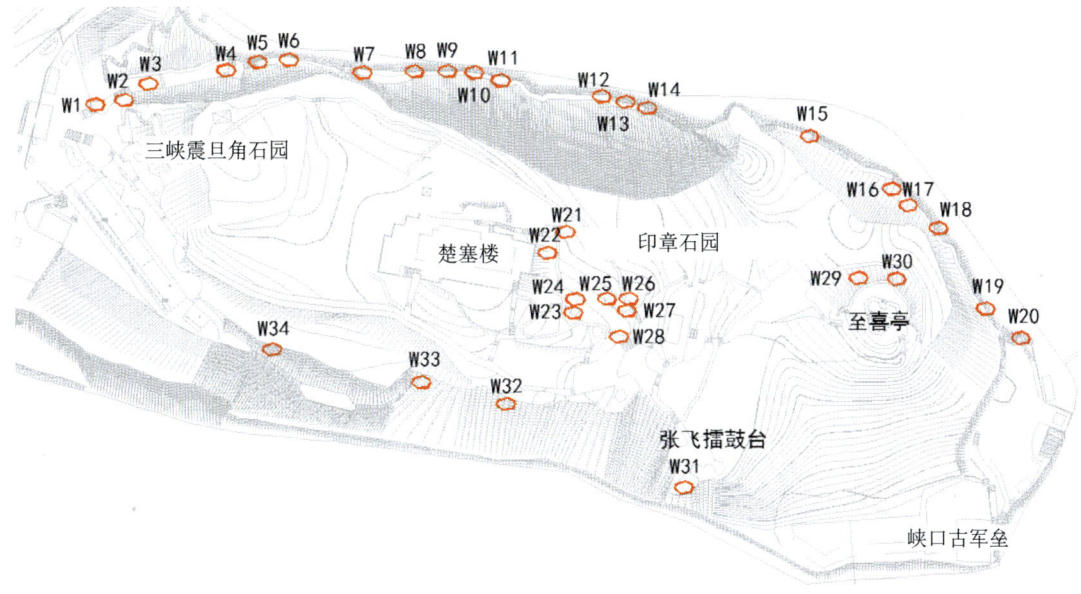

图 3.2-1　三游洞区内危岩体分布图

3.2.2　结构特征

本区地层岩性多为中粒结晶灰岩和细粒结晶灰岩,岩层倾向 75°～89°,倾角 6°～15°,在江河水、雨水的溶蚀和构造应力的长期共同作用下,发育有大量顺层软弱结构面。景区三面临空,北侧为下牢溪,南、东侧为长江干流。河流长期切割形成深谷,同时在三游洞四周形成了高几十米的垂直岩壁。受卸荷作用影响,本区周边均发育有大量近垂直向的卸荷裂隙。卸荷裂隙和软弱结构面相交切割,形成了围绕景区四周崖壁的众多松散危岩体。受形成原因影响,区内危岩体多由两道或以上相交结构面(裂隙)切割而成,裂面多为平直状,少数为锯齿状和波浪状。裂隙宽度多为 10～100mm,黏土、碎石填充。

区内危岩体大致分布在 3 个区域,W1～W20 分布在景区北部栈道南岩壁,W21～W30 分布在景区山顶印章石园至至喜亭一带,W31～W34 分布在南部栈道北岩壁。危岩体均分布在游客密集的观景沿线,存在较大安全隐患。其中,W1～W11 位于三游洞摩崖题刻保护范围内,为本期危岩体治理工程的重点加固对象。其他各块危岩体均位于保护范围之外,对题刻区文物本身无其他不良影响,本次不作处理,考虑到其他危岩体存在对景区游客和长江、下牢溪内船舶造成的安全隐患,将在后期工程中进行加固和保护。

各危岩体结构特征具体描述见表 3.2-1。

表 3.2-1　三游洞各危岩体结构特征一览表

	位置	三峡震旦角石园西	
W1	岩性	中粒结晶灰岩	 现状照片
	基座岩性	细粒结晶灰岩	
	危岩形态	不规则块体	
	块体规模（长×高×厚）/m	12.7×4.59×1.64	
	危岩体积/m³	95.60	
	岩层产状/(°)	85∠7	
	结构面产状/(°)	325∠90	
	张开度/mm	20～60	
	起伏形状	平直	
	填充物	无填充	
	主崩方向/(°)	355	
	崩塌方式	倾倒式	
W2	位置	三峡震旦角石园西	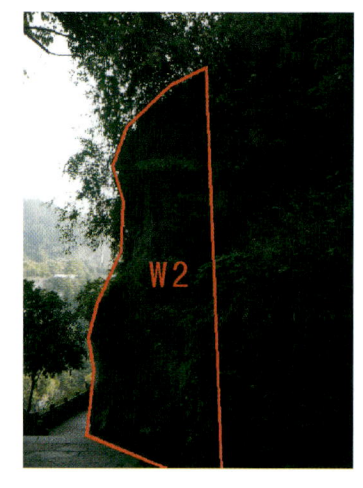 现状照片
	岩性	中粒白云质灰岩	
	基座岩性	中粒白云质灰岩	
	危岩形态	不规则块体	
	块体规模（长×高×厚）/m	11.00×9.11×2.90	
	危岩体积/m³	290.61	
	岩层产状/(°)	87∠8	
	结构面产状/(°)	348∠85	
	张开度/mm	10～90	
	起伏形状	波浪	
	填充物	钙硅质	
	主崩方向/(°)	356	
	崩塌方式	倾倒式	

续表 3.2-1

	位置	三峡震旦角石园北	
W3	岩性	中粒白云质灰岩	 现状照片
	基座岩性	中粒白云质灰岩	
	危岩形态	不规则块体	
	块体规模(长×高×厚)/m	7.58×5.18×2.60	
	危岩体积/m³	102.09	
	岩层产状/(°)	88∠10	
	结构面产状/(°)	320∠85	
	张开度/mm	20～100	
	起伏形状	波浪	
	填充物	无填充	
	主崩方向/(°)	355	
	崩塌方式	倾倒式	
W4	位置	三峡震旦角石园北	 现状照片
	岩性	中粒白云质灰岩	
	基座岩性	中粒白云质灰岩	
	危岩形态	不规则块体	
	块体规模(长×高×厚)/m	3.68×5.20×2.27	
	危岩体积/m³	43.44	
	岩层产状/(°)	88∠9	
	结构面产状/(°)	328∠90	
	张开度/mm	0～100	
	起伏形状	平直	
	填充物	泥质、碎石	
	主崩方向/(°)	347	
	崩塌方式	倾倒式	

续表 3.2-1

编号	项目	参数	现状照片
W5	位置	三峡震旦角石园北	 现状照片
	岩性	中粒白云质灰岩	
	基座岩性	中粒白云质灰岩	
	危岩形态	不规则块体	
	块体规模(长×高×厚)/m	12.70×7.20×5.61	
	危岩体积/m³	512.98	
	岩层产状/(°)	89∠9	
	结构面产状/(°)	284∠105	
	张开度/mm	20~500	
	起伏形状	直线	
	填充物	钙硅质	
	主崩方向/(°)	359	
	崩塌方式	坠落式	
W6	位置	三游洞内	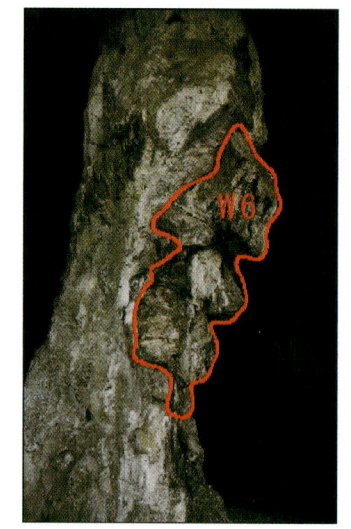 现状照片
	岩性	中粒白云质灰岩	
	基座岩性	中粒白云质灰岩	
	危岩形态	不规则块体	
	块体规模(长×高×厚)/m	0.82×2.87×0.64	
	危岩体积/m³	1.51	
	岩层产状/(°)	83∠15	
	结构面产状/(°)	320∠90	
	张开度/mm	5~50	
	起伏形状	平直	
	填充物	无填充	
	主崩方向/(°)	1	
	崩塌方式	坠落式	

续表 3.2-1

	位置	三游洞东侧	
W7	岩性	中粒白云质灰岩	
	基座岩性	细粒白云质灰岩	
	危岩形态	壳状	
	块体规模(长×高×厚)/m	6.52×9.85×0.54	
	危岩体积/m^3	34.68	
	岩层产状/(°)	87∠6	
	结构面产状/(°)	6∠90	
	张开度/mm	20~100	
	起伏形状	平直	
	填充物	无填充	
	主崩方向/(°)	3	
	崩塌方式	坠落式	现状照片
W8	位置	三游洞东侧	
	岩性	中粒白云质灰岩	
	基座岩性	细粒白云质灰岩	
	危岩形态	不规则块状	
	块体规模(长×高×厚)/m	0.86×0.35×0.16	
	危岩体积/m^3	0.05	
	岩层产状/(°)	—	
	结构面倾角/(°)	90	
	张开度/mm	10~30	
	起伏形状	平直	
	填充物	无填充	
	主崩方向/(°)	—	
	崩塌方式	坠落式	现状照片

续表 3.2-1

编号	项目	参数	现状照片
W9	位置	三游洞东侧路南侧	 现状照片
	岩性	中粒白云质灰岩	
	基座岩性	细粒白云质灰岩	
	危岩形态	不规则块体	
	块体规模(长×高×厚)/m	12.78×4.10×2.30	
	危岩体积/m³	120.52	
	岩层产状/(°)	87∠6	
	结构面产状/(°)	18∠90	
	张开度/mm	10～100	
	起伏形状	锯齿状	
	填充物	泥质、碎石	
	主崩方向/(°)	2	
	崩塌方式	坠落式	
W10	位置	三游洞东侧路南侧	 现状照片
	岩性	中粒白云质灰岩	
	基座岩性	中粒白云质灰岩	
	危岩形态	不规则块状	
	块体规模(长×高×厚)/m	5.10×2.20×1.80	
	危岩体积/m³	20.20	
	岩层产状/(°)	85∠6	
	结构面产状/(°)	17∠85	
	张开度/mm	10～100	
	起伏形状	平直	
	填充物	钙硅质	
	主崩方向/(°)	2	
	崩塌方式	坠落式	

续表 3.2-1

W11	位置	三游洞东侧	 现状照片
	岩性	中粒白云质灰岩	
	基座岩性	细粒白云质灰岩	
	危岩形态	不规则块体	
	块体规模(长×高×厚)/m	2.11×3.85×0.72	
	危岩体积/m³	5.85	
	岩层产状/(°)	89∠12	
	结构面产状/(°)	26∠88	
	张开度/mm	26~67	
	起伏形状	平直	
	填充物	钙硅质	
	主崩方向/(°)	12	
	崩塌方式	坠落式	

3.2.3 病害成因

危岩的存在是长期地质作用的结果，主要分布在高陡坡上，其形成主要与地形地貌、地层岩性、地质构造等内在因素和气象等外部因素有关，前文已对内在因素进行了详细叙述，下面主要对外部因素作概括叙述。

1. 江河切割作用

三游洞三面环水，受江河切割影响，天然坡度多在80°以上，地形上类似悬崖陡壁。大量工程实践证明，陡峻的斜坡是形成崩塌落石的必要条件，坡越高陡，越易形成崩塌落石，且崩塌落石的规模和强度也越大。故三游洞的陡崖地形为危岩的形成提供了天然的地形条件。

2. 人工开凿作用

危岩区内以灰岩为主，现场调查期间发现多处人工开凿栈道切面有软弱夹层。软硬地层相间组合在长期历史过程中易形成顺层结构面。这样的结构面在岩体卸荷带中与卸荷裂隙交叉切割，是形成危岩的主要内因。区内岩体多为灰岩，灰岩抗溶蚀能力较弱，常在底部与水接触处形成深浅不一的凹岩腔和溶洞。在上部厚大且近直立的岩体自重长期作用下，底部岩体被压缩，导致碎裂变形，又进一步加速溶蚀作用，使岩腔扩展加快，从而导致上部脆性岩体发生垂直位移。在平行陡崖面方向的陡倾拉裂缝扩展与近水平层面的组合切割下，单层岩体逐步向下坠落，下部岩腔向上扩大。此过程持续发展，形成陡崖中部及上部的帽檐式、悬臂式、拱桥式危岩,上部岩体重心外移,若遇强降雨、地震,将产生较大的水平力,受构造裂隙切割的岩体易突然崩塌,形成危岩带形态。

3. 风化作用

风化作用加速了危岩体裂隙的扩展,裂面强度降低,基座及底界层的差异风化作用形成岩穴、岩槽,岩体不断被剥蚀,加速了危岩体失稳。

4. 水的作用

在危岩体治理工程中常有"大雨大塌,小雨小塌,无雨不塌"之说,足见降雨与危岩体变形崩塌密切相关。病害区岩体节理裂隙宽大,陡崖带顶部缓坡地带排水措施不完善,为降雨入渗提供了有利条件。降雨的入渗降低了岩体强度,弱化了危岩体与母岩之间的黏结力,加快了裂隙的发展,同时,瞬间的静水压力(水劈)对危岩体的稳定性影响极大。具体表现在以下5个方面:

(1)节理裂隙中充满的水对危岩体产生静水压力,水流动产生动水压力。
(2)节理裂隙中充满的水对危岩体产生向上的浮托力。
(3)节理裂隙和其他结构面中的充填物在水的浸泡下抗剪强度大大降低。
(4)危岩体两侧节理裂隙中充满的水,使危岩体与稳定体之间的侧向摩擦力减小。
(5)大量地表水面流作用冲蚀掏空岩体裂隙中的填充黏接物,使得上部岩体相对悬空。

5. 植物的根劈作用

病害区属亚热带季风性湿润气候区,冬暖春早,四季分明,雨量充沛,植被茂盛。现场调查发现几乎在每道节理裂隙当中均有不同程度的植物根系生长,尤其是在坡顶边缘,植被极为茂盛,根系延节理裂隙不断延伸,使得原有的节理裂隙不断张开、扩大,使岩体进一步被破坏,导致原本的危岩体变形不断加剧。

6. 昼夜温差的影响

区内盛夏昼夜温差大,虽无降雨等其他因素的影响,但温度变化使岩体膨胀、收缩,造成岩体裂隙进一步贯通而发生崩塌。

7. 人类工程活动

由于三游洞特殊的景观分布和地形地貌,景区在周边垂直岩壁上人工开凿了大量栈道。这些栈道的开凿使得原本被卸荷裂隙切割的岩体失去了下部支撑力,岩体沿卸荷裂隙下坠,加快了岩壁的变形破坏。

3.2.4　危岩体破坏模式分析

《地质灾害防治工程监理规范》(DZ/T 0222—2006)按失稳和开始运动的方式将危岩分为滑塌式、倾倒式和坠落式。

第3章 题刻区病害类型及成因

1. 滑塌式

危岩体附着于母岩上,以一定角度的层面、结构面与母岩相接,在危岩体自重和其他影响因素作用下,危岩体沿母岩(或基座)发生剪切滑移破坏[图3.2-2(a)]。

2. 倾倒式

危岩体在发生变形破坏时,顶部首先脱离母岩,然后沿基座支点转动,最终产生倾倒式破坏[图3.2-2(b)]。

3. 坠落式

高悬于陡崖上端和岩腔顶部的危岩体,受裂隙切割脱离母岩,因其底界临空条件良好,在重力作用下基本不受阻挡便失稳崩塌[图3.2-2(c)]。

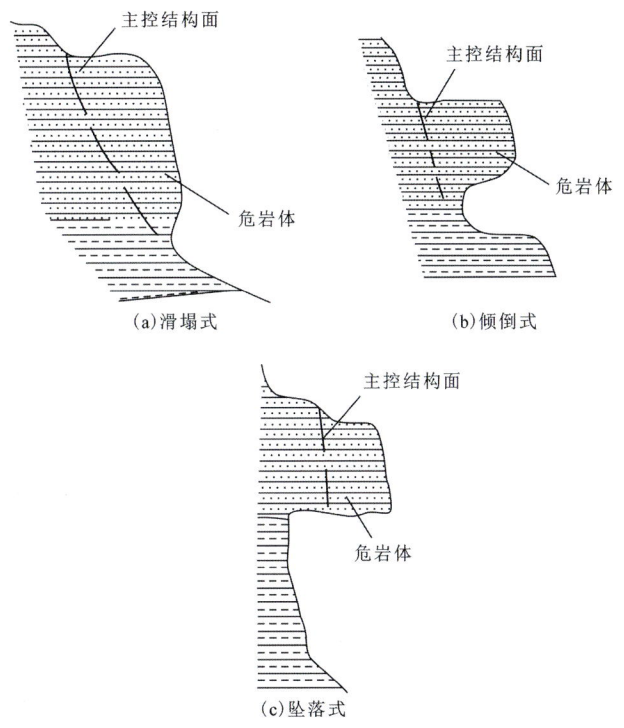

图3.2-2 危岩体破坏模式示意图

依照上述分类原则,对三游洞景区所有危岩体破坏模式进行划分,结果见表3.2-2。

表3.2-2 三游洞危岩体破坏模式分类

编号	W1	W2	W3	W4	W5	W6	W7	W8	W9	W10	W11
模式	倾倒式				坠落式						

3.2.5 危岩体稳定性计算方法

针对不同类型的危岩失稳模式,《地质灾害防治工程监理规范》(DZ/T 0222—2006)定义了相应的计算方法。

1. 滑塌式

(1)后缘无陡倾裂隙时,危岩稳定性按下式计算(图3.2-3):

$$F = \frac{(W\cos\alpha - Q\sin\alpha - V) \cdot \tan\varphi + cl}{W\sin\alpha + Q\cos\alpha} \quad (3.2-1)$$

式中:F为危岩稳定性系数;W为危岩体自重(kN/m);Q为地震力(kN/m),按$Q=\zeta_e W$确定,其中地震水平作用系数ζ_e取0.05;V为裂隙水压力(kN/m),可由$V=1/2\gamma_w h_w^2$计算获得,其中γ_w为水的重度(kN/m³);c为后缘裂隙黏聚力标准值(kPa);l为滑面长度(m)。当裂隙未贯通时,贯通段和未贯通段黏聚力标准值按长度加权的加权平均值取值,未贯通段黏聚力标准值取岩石黏聚力标准值的0.4倍;φ为后缘裂隙内摩擦角标准值(°),当裂隙未贯通时,贯通段和未贯通段内摩擦角标准值按长度加权的加权平均值取值,未贯通段内摩擦角标准值取岩石内摩擦角标准值的0.95倍;α为滑面倾角(°)。

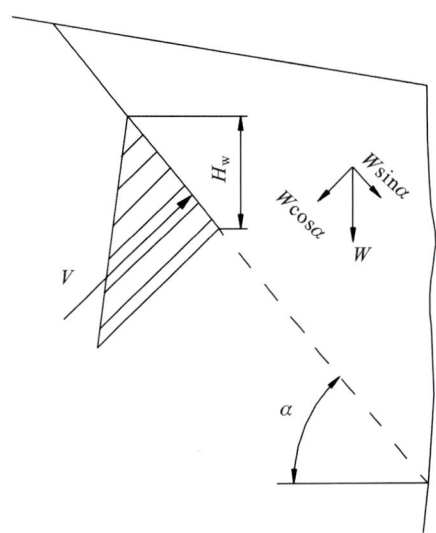

图3.2-3 后缘无陡倾裂隙时滑塌式危岩稳定性计算

(2)后缘有陡倾裂隙、滑面缓倾时,危岩稳定性按下式计算:

$$F = \frac{R}{T}$$
$$R = (W\cos\alpha - Q\sin\alpha - V\sin\alpha - U)\tan\varphi + cl \quad (3.2-2)$$
$$T = W\sin\alpha + Q\cos\alpha + V\cos\alpha$$

式中:U为滑面裂隙水压力(kN/m),$U=1/2\gamma_w l h_w$;其他符号意义同前。

2. 倾倒式

(1)由后缘岩体抗拉强度控制时,危岩稳定性按下式计算(图3.2-4):

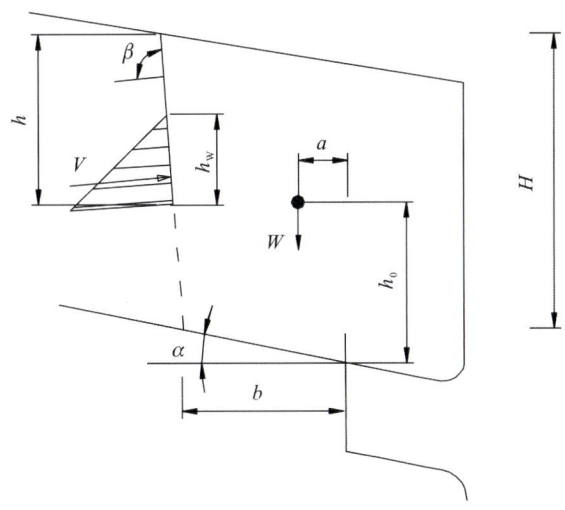

图3.2-4　由后缘岩体抗拉强度控制时倾倒式危岩稳定性计算

危岩体重心在倾覆点之外时,

$$F=\frac{\dfrac{1}{2}f_{lk}\cdot\dfrac{H-h}{\sin\beta}\left[\dfrac{2}{3}\dfrac{H-h}{\sin\beta}+\dfrac{b}{\cos\alpha}\cos(\beta-\alpha)\right]}{W\cdot a+Q\cdot h_0+V\left[\dfrac{H-h}{\sin\beta}+\dfrac{h_w}{3\sin\beta}+\dfrac{b}{\cos\alpha}\cos(\beta-\alpha)\right]} \quad (3.2-3)$$

危岩体重心在倾覆点之内时,

$$F=\frac{\dfrac{1}{2}f_{lk}\cdot\dfrac{H-h}{\sin\beta}\left[\dfrac{2}{3}\dfrac{H-h}{\sin\beta}+\dfrac{b}{\cos\alpha}\cos(\beta-\alpha)\right]+W\cdot a}{Q\cdot h_0+V\left[\dfrac{H-h}{\sin\beta}+\dfrac{h_w}{3\sin\beta}+\dfrac{b}{\cos\alpha}\cos(\beta-\alpha)\right]} \quad (3.2-4)$$

式中:h为后缘裂隙深度(m);h_w为后缘裂隙充水高度(m);H为后缘裂隙上端到未贯通段下端的垂直距离(m);a为危岩体重心到倾覆点的水平距离(m);b为后缘裂隙未贯通段下端到倾覆点之间的水平距离(m);h_0为危岩体重心到倾覆点的垂直距离(m);f_{lk}为危岩体抗拉强度标准值(kPa),根据岩石抗拉强度标准值乘以0.4的折减系数确定;α为危岩体与基座接触面倾角(°),外倾时取正值,内倾时取负值;β为后缘裂隙倾角(°);其他符号意义同前。

(2)由底部岩体抗拉强度控制时,危岩稳定性按下式计算(图3.2-5):

$$F=\frac{\dfrac{1}{3}f_{lk}\cdot b^2+W\cdot a}{Q\cdot h_0+V\left(\dfrac{1}{3}\dfrac{h_w}{\sin\beta}+b\cos\beta\right)} \quad (3.2-5)$$

式中各符号意义同前。

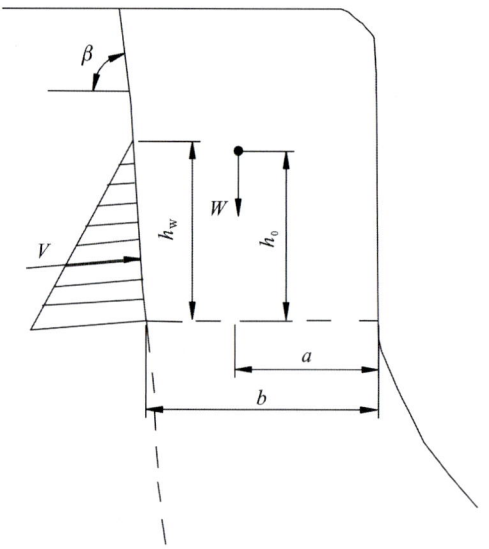

图 3.2-5　由底部岩体抗拉强度控制时倾倒式危岩稳定性计算

3. 坠落式

（1）对后缘有陡倾裂隙的悬挑式危岩，计算方法如下（图 3.2-6），稳定性系数取两种计算结果中的较小值。

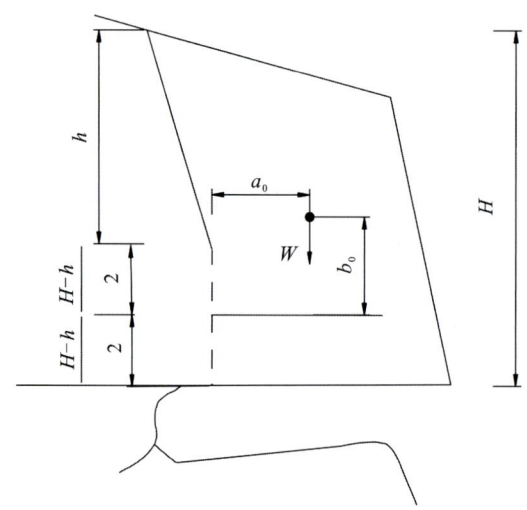

图 3.2-6　后缘有陡倾裂隙的坠落式危岩稳定性计算

$$F=\frac{c(H-h)-Q\tan\varphi}{W} \tag{3.2-6}$$

$$F = \frac{\zeta \cdot f_{lk} \cdot (H-h)^2}{W_{a_0} + Qb_0} \qquad (3.2-7)$$

式中：ζ 为危岩抗弯力矩计算系数，依据潜在破坏面形态取值，一般可取 $1/12 \sim 1/6$，当潜在破坏面为矩形时可取 $1/6$；a_0 为危岩体重心到潜在破坏面的水平距离（m）；b_0 为危岩体重心到过潜在破坏面形心的铅垂距离（m）；f_{lk} 为危岩体抗拉强度标准值（kPa），根据岩石抗拉强度标准值乘以 0.20 的折减系数确定；c 为危岩体黏聚力标准值（kPa）；φ 为危岩体内摩擦角标准值（°）；其他符号意义同前。

（2）对后缘无陡倾裂隙的悬挑式危岩，危岩稳定性按下式计算（图 3.2-7）。稳定性系数取两种计算结果的较小值。

$$F = \frac{c \cdot H_0 - Q\tan\varphi}{W} \qquad (3.2-8)$$

$$F = \frac{\zeta \cdot f_{lk} \cdot H_0^2}{W \cdot a_0 + Q \cdot b_0} \qquad (3.2-9)$$

式中：H_0 为危岩体后缘潜在破坏面高度（m）；f_{lk} 为危岩体抗拉强度标准值（kPa），根据岩石抗拉强度标准值乘以 0.30 的折减系数确定；其他符号意义同前。

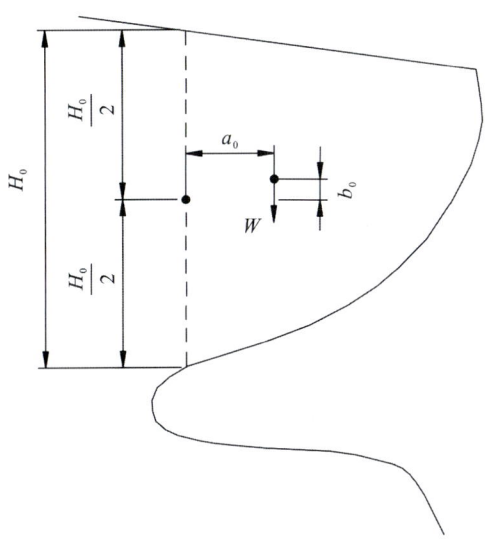

图 3.2-7　后缘无陡倾裂隙的坠落式危岩稳定性计算

3.2.6　计算工况

参照相关规范及前期勘察报告，此处危岩稳定性计算所采用的荷载包括危岩自重、裂隙水压力和地震力，采用的工况分为现状工况（工况1）、暴雨工况（工况2）和暴雨+地震工况（工况3）。

上述各工况中，"现状"指勘察期间的状态，"暴雨"指强度重现期为 20 年的暴雨。3 种工况的荷载组合类型：①工况1，自重。②工况2，自重+裂隙水压力（暴雨状态）。③工况3，自重+裂隙水压力(暴雨状态)+地震力(设计基本地震加速度值0.05g)。坠落式危岩仅考虑工况1和工况3,倾倒式危岩则仅考虑工况2和工况3。

3.2.7 计算参数

1. 岩石及岩体

根据前期《宜昌市三游洞管理处后山景观改造项目岩土工程勘察报告》及《宜昌三游洞岩土工程勘察报告》,本次危岩体治理工程设计中,白云质灰岩岩石物理力学参数按建议值取值。加固区域岩体质量等级为Ⅳ级,岩体抗剪强度指标按《工程岩体分级标准》(GB 50218—2014)附录C取值,出于安全考虑,取下限值。岩体抗拉强度指标按《地质灾害防治工程勘察规范》(DB 50143—2003)第10.6.6条的规定进行折减,折减系数按最不利考虑,取0.2。具体取值见表3.2-3。

表3.2-3 三游洞岩体稳定性计算参数一览表

岩性	天然重度/(kN·m^{-3})	饱和重度/(kN·m^{-3})	黏聚力 c/MPa	内摩擦角 φ/(°)	抗拉强度/MPa
白云质灰岩(岩石)	24.9	24.9	28.22	23.7	2.6
白云质灰岩(岩体)	24.9	24.9	0.2	27	0.52

2. 结构面

考虑裂隙的贯通程度、填充程度及结合情况,根据《建筑边坡工程技术规范》(GB 50330—2013)表3.4.1中结构面抗剪强度指标标准值确定裂隙面黏聚力及内摩擦角(表3.2-4),区内各危岩体结构面取值如表3.2-5所示。

表3.2-4 三游洞危岩体稳定性计算参数一览表

类型	结构面结合程度	天然抗剪强度		饱和抗剪强度	
		内摩擦角 φ/(°)	黏聚力 c/kPa	内摩擦角 φ/(°)	黏聚力 c/kPa
硬性结构面	结合好	39	180	35	130
	结合一般	31	110	27	90
	结合差	22	70	18	50
软弱结构面	结合很差	15	35	12	20
	结合极差	11	19	10	18

注:饱和抗剪强度取《建筑边坡工程技术规范》(GB 50330—2013)表3.4.1中的低值,天然状态抗剪强度取中值。部分危岩体结构面与母体脱离,无填充物,内摩擦角按结合极差取值,黏聚力取0。

表 3.2-5　三游洞各危岩体结构面取值一览表

危岩体编号	结构面位置	结构面类型	结合程度	天然抗剪强度 $\varphi/(°)$	天然抗剪强度 c/kPa	饱和抗剪强度 $\varphi/(°)$	饱和抗剪强度 c/kPa
W1	后缘结构面	硬性结构面	结合差	22	70	18	50
W1	破裂面	硬性结构面	结合一般	31	110	27	90
W2	后缘结构面	硬性结构面	结合差	22	70	18	50
W2	破裂面	硬性结构面	结合一般	31	110	27	90
W3	后缘结构面	软弱结构面	结合很差	15	35	12	20
W3	破裂面	硬性结构面	结合一般	31	110	27	90
W4	后缘结构面	软弱结构面	结合极差	11	19	10	18
W4	破裂面	硬性结构面	结合差	22	70	18	50
W5	后缘结构面	硬性结构面	结合差	22	70	18	50
W6	后缘结构面	软弱结构面	结合极差	11	19	10	18
W7	后缘结构面	软弱结构面	结合极差	11	19	10	18
W8	后缘结构面	硬性结构面	脱离	11	0	10	0
W9	后缘结构面	软弱结构面	结合极差	11	19	10	18
W10	后缘结构面	硬性结构面	结合差	22	70	18	50
W11	后缘结构面	软弱结构面	结合很差	15	35	12	20

3.2.8　稳定性判别标准

危岩稳定性评价应给出危岩在设计工况下的稳定系数和稳定状态。在石质文物保护工程实践中，稳定系数 F 值等于 1 或稍大于 1 (表 3.2-6)，并不能说明区内岩体处于稳定状态。工程上 F 值必须满足一个最起码的安全需要，称为容许安全系数，用 F_t 表示。对于石质文物岩体加固的容许安全系数 F_t，按《地质灾害防治工程监理规范》(DZ/T 0222—2006)，并结合岩土文物保护工程的危岩体治理工程经验，危岩治理后的稳定系数应满足表 3.2-7 的要求。由于文物的重要性，在进行本工程稳定性评价时，危岩防治工程等级按一级非校核工况考虑。

表 3.2-6　危岩体稳定状态判别标准

危岩类型	危岩体稳定状态			
	不稳定	欠稳定	基本稳定	稳定
倾倒式危岩体	$F<1.0$	$1.0 \leq F<1.25$	$1.25 \leq F<F_t$	$F \geq F_t$
坠落式危岩体	$F<1.0$	$1.0 \leq F<1.35$	$1.35 \leq F<F_t$	$F \geq F_t$

注：表中 F 为危岩体稳定系数；F_t 为危岩体安全系数。

表 3.2－7　危岩防治安全系数 F_t

危岩类型	危岩防治工程等级					
	一级		二级		三级	
	非校核工况	校核工况	非校核工况	校核工况	非校核工况	校核工况
倾倒式危岩体	1.50	1.20	1.40	1.15	1.30	1.10
坠落式危岩体	1.60	1.25	1.50	1.20	1.40	1.15

注：表中非校核工况为设计工况或设计荷载工况，校核工况即指校核荷载工况。

3.2.9　稳定性评价结果

根据危岩体稳定性计算结果，本次重点加固的 11 块危岩体在天然工况（工况 1）下，仅 W10 相对稳定；在暴雨工况（工况 2）下，仅 W3、W4 相对稳定；在暴雨＋地震工况（工况 3）下，无一块危岩体保证稳定。各危岩体在不同工况下的稳定性见表 3.2－8。

表 3.2－8　三游洞危岩体稳定性计算结果统计表

工况 1				
破坏模式	稳定	基本稳定	欠稳定	不稳定
倾倒式	—	—	—	—
坠落式	W10	W7	W5、W6、W8、W9、W11	—
工况 2				
破坏模式	稳定	基本稳定	欠稳定	不稳定
倾倒式	W3、W4	W1、W2	—	—
坠落式	—	—	—	—
工况 3				
破坏模式	稳定	基本稳定	欠稳定	不稳定
倾倒式	—	—	W2、W3、W4	W1
坠落式	—	—	W5、W6、W7、W8、W9、W10	W11

第4章 加固设计方案

4.1 加固目标

三游洞摩崖石刻景区主要存在的病害为水害和危岩体。水害广泛发育于三游洞题刻区,对题刻区产生直接腐蚀作用并成为其他形式腐蚀破坏因素的媒介,其存在非常不利于文物的长久保存。危岩体部分发育于题刻区周边,对三游洞外延石刻文物构成了潜在威胁,其余大部分发育于景区主要的观光栈道沿线,反映了三游洞标志性的地形地貌,展现了区内自然造物的鬼斧神工,但危岩体较差的稳定性对游客人身安全造成了巨大的隐患。此外,由于三游洞特殊的地形地貌,发育于南北栈道的危岩体对下牢溪及长江的水运交通也构成了较大的潜在威胁。

本期工程目标就是要采用科学合理的技术手段,针对宜昌三游洞摩崖石刻景区的水害、危岩体进行治理,遏制业已存在的病害,消除威胁游客的潜在隐患,同时保障摩崖石刻的稳定与安全,使摩崖石刻的真实性和完整性得到有效延续。

4.2 设计范围

本设计方案主要针对宜昌三游洞摩崖石刻景区的水害治理和危岩体治理。

4.3 设计内容

在三游洞核心区及毗邻区范围内,对W1~W11危岩体进行治理,治理措施包括危岩浮土和杂乱植被清理、锚索加固、植筋加固、支顶混凝土浇筑塑形、裂隙灌浆、新建被动防护网等。在本范围的山顶区域,包括采用钠基膨润土防渗毯进行水平防渗处理、新建排水沟疏导地面雨水、新建氅檐和导水槽保护题刻等,并在本区域进行地面复绿和园路铺装等景观恢复工作。

4.4　设计原则

针对工程现状,设计方案主要遵循以下原则:

(1)重视勘察研究工作,抢险加固及维修保护措施都必须以勘察成果为基础。勘察应查明造像所在区域的工程水文地质条件,客观分析病害的成因。

(2)抢险加固及维修保护措施应能有效保持造像本体的稳定与安全状态。任何保护措施不得破坏文物本体或对其构成威胁。

(3)防御性措施优先于干预性措施。制定具体抢险加固及维修保护措施时,应采取审慎的态度,预测风险并采取防范措施。严格控制本体的干预规模,只有当本体形制的完整性、稳定性和安全性受到威胁且依据充分时方可采用干预性措施。

(4)抢险加固及维修保护采用传统技术与现代科学技术相结合的手段,尽可能采用可逆性或可持续的隐蔽性技术措施,并尽量减少应用材料种类,注意材料的兼容性、稳定性、可持续性,正确把握审美标准,保证施工部位的可辨别性。

(5)抢险加固及维修保护措施均应严格遵守"不改变文物原状""最小干预性""可再处理性"和"最大兼容性"等基本原则,尽可能地保持本体的真实性与完整性,保护其所包含的全部历史信息和科学信息。

(6)抢险加固保护措施及其实施过程都应记入档案,包括设计方案、论证材料、试验数据、操作工艺、施工组织、工期、原始状态及竣工状态的图片、影像与文字记录等。

4.5　设计思想

(1)危岩体的治理。针对危岩体不同的破坏模式,采用锚固、支顶、灌浆封闭的加固措施对各类型危岩体进行加固。

(2)水害的治理。采取排、引、疏、挡相结合的方式治理水害,通过新建截水系统、整理地面、疏通原排水系统、裂隙灌浆、建筑防水等措施降低雨水对造像题刻的影响。

4.6　危岩体治理设计

4.6.1　设计概述

结合病害调查情况,针对不同破坏类型的危岩体采取相应的加固方式,具体如下:
(1)坠落式危岩体。主要采取垫砌、支顶的处理措施。
(2)滑塌式危岩体。采取锚固、设置抗滑体处理措施。

(3) 倾倒式危岩体。主要采取锚固措施,将危岩与稳定岩体固定,对裂隙灌浆,防止雨水渗入、植物根系生长,导致裂隙进一步发展。

4.6.2 设计计算

4.6.2.1 锚固计算公式

(1) 坠落式危岩所需锚固计算模型如图 4.6-1 所示,锚固力计算公式为

$$P_0 \geqslant \frac{A_2 W + A_3 cH}{A_1} \quad (4.6-1)$$

其中,

$$A_1 = \sin(\alpha+\beta)\tan\varphi + k\cos(\alpha+\beta)$$
$$A_2 = (k+\mu\tan\varphi)\sin\beta + (k\mu-\tan\varphi)\cos\beta$$
$$A_3 = -\frac{1}{\sin\beta}$$

危岩体需要的总锚固力为 $P_0 l$,则危岩体所需的锚杆数为

$$n \geqslant \frac{k_0 p_0 l}{\pi d l_m \tau_0} \quad (4.6-2)$$

式中:W 为沿陡崖方向单位长度危岩体重力(kN);p_0 为沿陡崖走向单位长度危岩体所需锚杆(索)抗拔力(kN);k_0 为锚杆(索)抗拔安全系数,永久性锚杆取 2.6;α 为锚杆(索)的倾角(°);β 为危岩体主控结构面的平均倾角(°);k 为危岩体稳定系数;μ 为水平地震系数;l 为危岩体长度(m);d 为锚杆(索)的直径(m);l_m 为锚杆(索)的锚固长度(m),指位于主控结构面后部稳定岩体内的有效长度;τ_0 为锚杆(索)的锚固段砂浆与围岩之间的抗剪强度(kPa);c 为危岩体主控结构面的等效黏聚力(kPa);φ 为危岩体主控结构面的等效内摩擦角(°)。

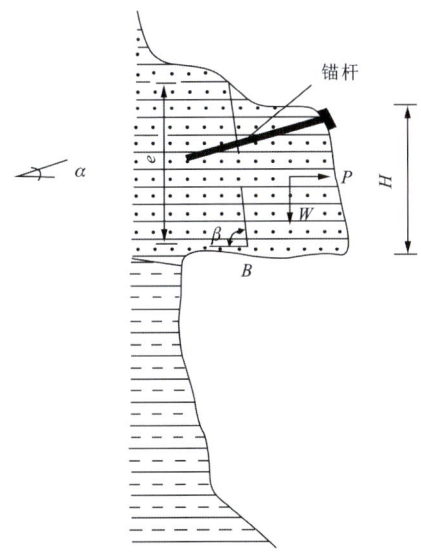

图 4.6-1 坠落式危岩锚固计算模型

对后缘无陡倾裂隙的悬挑式危岩，c、φ按下列公式计算：

$$c = \frac{c_1 e + c_0(H-e)}{H}, \quad \varphi = \frac{\varphi_1 e + \varphi_0(H-e)}{H} \qquad (4.6-3)$$

式中：H为危岩体平均高度(m)；e为主控结构面贯通段长度(m)；c_0、φ_0分别为危岩体后部主控结构面未破裂部分岩石的黏聚力(kPa)和内摩擦角(°)；c_1、φ_1分别为危岩体后部主控结构面破裂部分岩石的黏聚力(kPa)和内摩擦角(°)。

(2) 滑塌式危岩所需抗滑塌锚固力。滑塌式危岩锚固计算模型见图4.6-2，与坠落式危岩相比增加了裂隙水压力。按照坠落式危岩体计算思路可得P_0的计算公式为

$$P_0 \geqslant \frac{B_2 W + B_3 cH + B_4 Q}{B_1} \qquad (4.6-4)$$

其中，

$$B_1 = \sin(\alpha+\beta)\tan\varphi + k\cos(\alpha+\beta)$$

$$B_2 = (k+\mu\tan\varphi)\sin\beta + (k\mu-\tan\varphi)\cos\beta$$

$$B_3 = -\frac{1}{\sin\beta}$$

$$B_4 = \tan\varphi$$

危岩体需要的总锚固力为$P_0 l$，则危岩体所需的锚杆数为

$$n \geqslant \frac{k_0 p_0 l}{\pi d l_m \tau_0} \qquad (4.6-5)$$

式中：Q为主控结构面破裂部分承受的静水压力(kN/m)，天然状态高取$\frac{1}{3}e$，$Q = \frac{r_w e^2}{18\sin\beta}$；暴雨状态高取$\frac{2}{3}e$，$Q = \frac{2 r_w e^2}{9\sin\beta}$；其他参数意义同前。

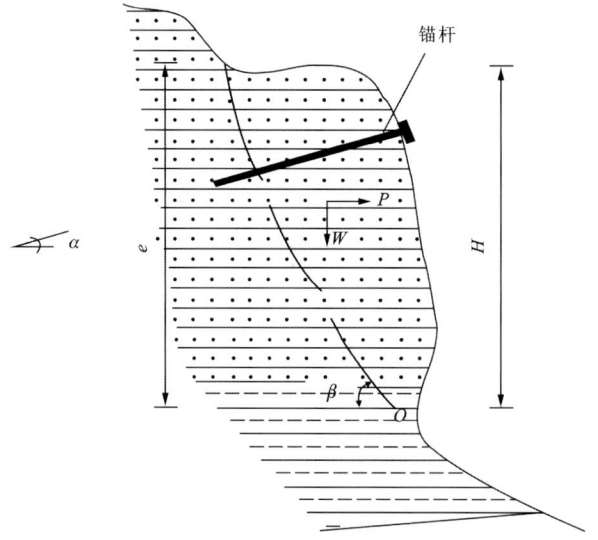

图4.6-2 滑塌式危岩锚固计算模型

(3)倾倒式危岩所需锚固力。重心在倾覆点之外的倾倒式危岩锚固计算模型如图4.6-3所示,整个危岩体所需的锚固总抗力矩为

$$M \geqslant kW(a+\mu h_0)+kQC-0.5[\sigma_t]C^2 \qquad (4.6-6)$$

所需锚杆数为

$$n \geqslant \frac{k_0 D_2 ml}{\pi D_1 d l_m \tau_0} \qquad (4.6-7)$$

其中,

$$D_1 = mh_1 + 0.5(m-1)me_0$$
$$D_2 = kW(a+\mu h_0)+kQC-0.5[\sigma_t]C^2$$

同理可得,重心在倾覆点之内的倾倒式危岩所需锚杆数为

$$n \geqslant \frac{k_0 D_2 ml}{\pi D_1 d l_m \tau_0} \qquad (4.6-8)$$

其中,

$$D_1 = mh_1 + 0.5(m-1)me_0$$
$$D_2 = W(k\mu h_0-a)+kQC-0.5[\sigma_t]C^2$$

式中:n为危岩体所需总锚杆数(根);m为锚杆布置排数(排);h_1为第1排锚杆距离倾覆点的垂直距离(m);a为危岩体重心作用点至倾覆点的水平距离(m);C为危岩体主控结构面延伸点距倾覆点的水平距离(m);$[\sigma_t]$为危岩体岩石抗拉强度标准值(kPa);其他参数意义同前。

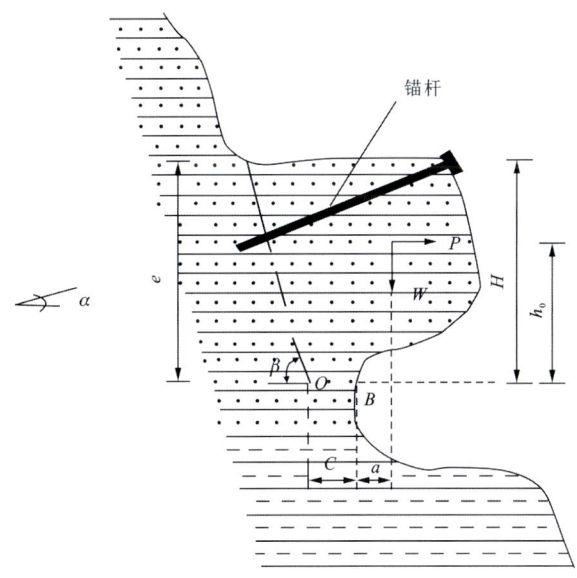

图4.6-3 重心在倾覆点之外的倾倒式危岩锚固计算模型

4.6.2.2 支撑计算

支撑计算模型如图 4.6-4 所示,支撑顶部的最大应力为

$$\sigma_{\max}=\frac{W}{B^2}[B(1-\mu\tan\beta)+6(\mu h-d\mu\tan\beta-d+a)] \quad (4.6-9)$$

要求

$$\sigma_{\max}\leqslant\frac{[R_c]}{1.3}$$

墙撑圬工体地基允许承载力 $[\sigma_0]$ 应满足

$$[\sigma_0]\geqslant 1.2(\sigma_{\max}+\gamma A) \quad (4.6-10)$$

式中:W 为危岩体单宽自重(kN);B 为墙撑圬工的宽度(m);μ 为水平地震系数,地震力 $P=\mu W$;h 为危岩体重心距离支撑体顶部的垂直距离(m);d 为主控结构面在危岩体底部出露点距离支撑体重心的水平距离(m);a 为主控结构面与危岩体重心之间的水平距离(m);$[R_c]$ 为墙撑圬工极限承载力设计值(C20 混凝土取 14.3MPa);$[\sigma_0]$ 为墙撑体地基允许承载力设计值(泥岩取 1.3MPa,砂岩取 10MPa);γ 为墙撑圬工天然容重(kN/m³);A 为墙撑圬工的厚度(m)。

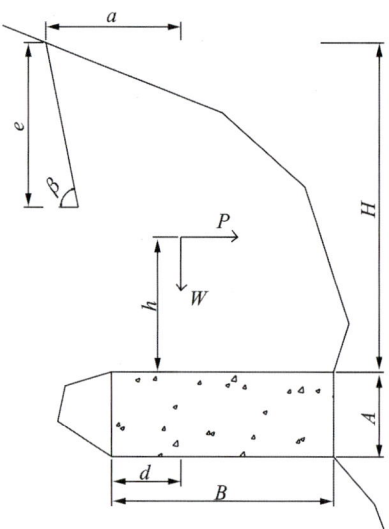

图 4.6-4 支撑计算模型

4.6.2.3 岩石植筋计算

单根植筋锚固的承载力设计值应符合下列规定:

$$\begin{cases} N_t^b = f_y A_s \\ l_d \geqslant \psi_N \psi_{ae} l_s \end{cases} \quad (4.6-11)$$
$$l_g = 0.2\alpha_{apt} d f_y / f_{bd}$$
$$\psi_N = \psi_{br} \psi_w \psi_T$$

式中：N_t^b 为植筋钢材轴向受拉承载力设计值（MPa）；f_y 为植筋用钢筋的抗拉强度设计值（MPa），$\phi 32mm$ HRB400 热轧螺纹钢筋取 400MPa；A_s 为钢筋截面面积（mm²），$\phi 32mm$ HRB400 热轧螺纹钢筋取 804.2mm²；l_d 为植筋锚固深度设计值（m）；l_s 为植筋的基本锚固深度（m）；ψ_N 为考虑各种因素对植筋受拉承载力影响而需加大锚固深度的修正系数；ψ_{ae} 为考虑植筋位移延性要求的修正系数，对 C40 混凝土取 1.0；α_{apt} 为防止混凝土劈裂应用的计算系数，根据《混凝土结构加固设计规范》(GB 50367—2013) 表 12.2.3 取 1.1；d 为植筋公称直径（mm）；f_{bd} 为植筋用胶黏剂的黏结强度设计值，根据《混凝土结构加固设计规范》(GB 50367—2013) 表 14.2.3 取 3.6MPa；ψ_{br} 为考虑结构构件受力状态对承载力影响的系数，取 1.15；ψ_w 为混凝土孔壁潮湿影响系数，取 1.1；ψ_T 为使用环境的温度（T）影响系数，取 1.0。

4.6.3 分项工程设计

4.6.3.1 危岩体清除

(1) 对松动的危岩体进行清除处理，严格按照逆作法顺序施工。

(2) 施工人员一定要做好安全保障措施，系好安全带，派专人监视施工动态，发现情况及时通知，以便于采取应变措施。

(3) 危岩体清除的施工一定要遵循自上而下、由外到内的顺序进行。施工前应明确各危岩体产状、相互依存关系并编录，制定严格的清除步骤，确保被清除危岩体在边坡上不作为其他危岩体的支点，防止作为受力基础或基座的危岩体被清除而引发大规模垮塌事故。

4.6.3.2 裂隙灌浆

1) 设计参数

对危岩体结构面和裂隙进行灌浆，灌浆采用水泥砂浆，水泥采用 425 号普通硅酸盐水泥，水灰比为 0.4～0.5。

对危岩体主控结构面的灌浆原则上采用常压灌浆，避免灌浆压力对岩体稳定性产生不利影响。必要时，可采取分段灌浆，即先灌层位较低的部分，待浆液凝固达到要求强度后再对上一层位灌浆，如此循环进行。

4.6.3.3 支顶设计

为增强危岩体的稳定性，同时防止其继续被风化掏蚀，对危岩体底部的风化凹腔进行砌体嵌补、墙撑支顶，具体设计参数如下：

(1) 支顶采用 C30 素混凝土浇筑，混凝土强度等级应按立方体抗压强度标准值确定。

(2) C30 素混凝土支顶结构基底嵌入岩层不小于 200mm。应选用风化程度低的基岩作为基础持力层，在基岩强度不满足要求时，应对基岩进行预加固处理。

(3) 支顶结构底部与地基浇筑力求粗糙，以保证抗滑性能。墙基沿纵向有斜坡时，基底纵坡不应陡于 5%。当纵坡陡于 5% 时，应将基底做成台阶式。

(4) 必要时采用岩石锚杆基础和侧向拉锚结构保证支顶结构抗滑移和抗倾覆的要求，锚固长度须满足《混凝土结构设计标准》(GB/T 50010—2010)的相关要求。

(5)支顶结构顶部10cm内混凝土应适量添加膨胀剂。

(6)支顶结构应根据需要,间隔2~3m设置泄水孔,泄水孔外斜5%,孔径50~100mm,上下左右交错布置。在泄水孔进口处设置反滤层,反滤层厚度不小于500mm,最下一排泄水孔应高于地面且不小于300mm。

(7)圬工嵌补不可过量且砌体表面要保持与周边岩体的自然顺接。砌筑后用水泥砂浆、岩粉、颜料、胶泥等材料对表面进行做旧,保持崖面的整体平顺和与周边环境的协调性。

4.6.3.4 锚索

1)设计参数

预应力锚索为 ϕ15.2mm 高强度低松弛钢绞线,锚孔直径150mm,每孔束数、锚固长度、自由段长度、锚固角度和间排距见各危岩体锚索加固布置图(附录A)。钻孔深度应比设计深0.5m(预留沉渣长度),钻孔定位偏差不应大于100mm,钻头直径不应小于设计孔径3mm,锚孔偏斜度不应大于2%。

锚索自由段应除锈、刷沥青船底漆,沥青玻纤布缠裹层数不少于两层,然后装入套管中,自由段套管两端100~200mm长度范围内用黄油充填,外绕扎工程胶布固定。锚固段应除锈,砂浆保护层厚度不应小于25mm。

4.6.3.5 被动防护网

经调查,景区栈道上侧被动防护网已基本损坏,不具备相应防护能力,应对已有被动防护网进行替换,并在落石危险区域新增被动防护网。防护网采用 RX-2010 型柔性被动防护网(图4.6-5、图4.6-6)。

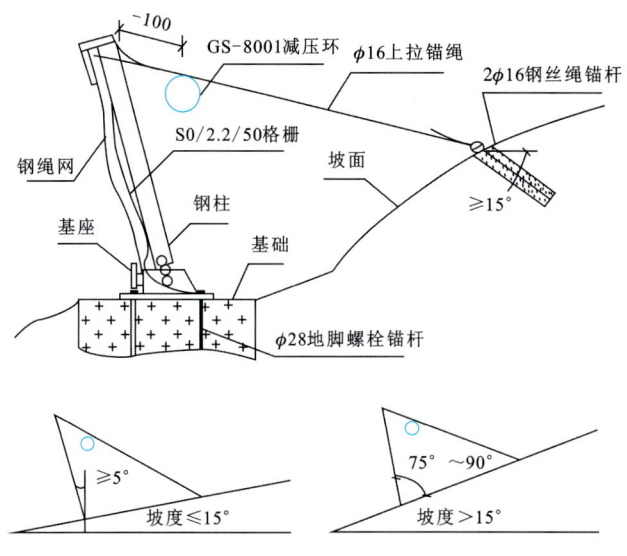

图 4.6-5 被动防护网系统断面图

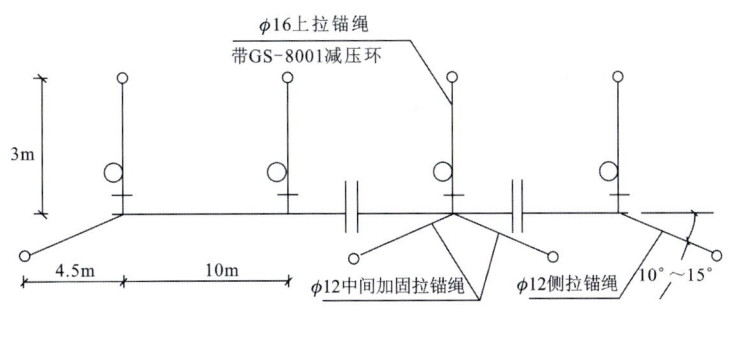

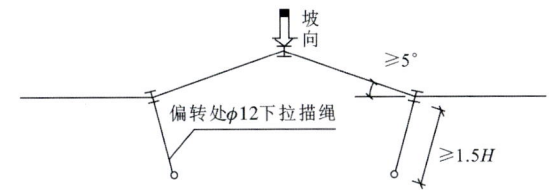

图 4.6-5 被动防护网系统平面图

构件包括环形网、钢丝格栅、钢柱、支撑绳、拉锚系统、缝合绳、减压环等,具体设计参数如下:

(1)环形网。型号 R7/3/300/5×3,即直径 3mm 钢丝、盘结 7 圈,按网孔内切圆直径 300mm 编织成的长 5m、宽 3m 的环形网。

(2)高强度钢丝格栅。型号 TC/3/50/5×3,即直径为 3mm 钢丝,按网孔内切圆直径 50mm 编织成的长 5m、宽 3m 的高强度钢丝格栅;钢丝不用有明显机械损伤和锈蚀现象,高强度钢丝格栅端头至少扭结一次,扭结处不得有裂纹。

(3)拉锚系统。①钢丝绳锚杆。侧拉锚杆型号 M16×3,即由直径 16mm 钢丝绳制作、长 3m 的双股钢丝绳锚杆;上拉锚杆、下拉锚杆、中间加固锚杆的型号均为 M16×2,即由直径 16mm 钢丝绳制作、长 2m 的双股钢丝绳锚杆。②上拉锚绳。ϕ16 单绳,"人"字形布置,每根 1 个减压环;侧拉锚绳,ϕ12 双绳;下拉、中间加固拉锚绳,ϕ12 单绳;上/下支撑绳,ϕ12 双绳,每跨每根各 2 个带减压环,每跨减压环平均数为 8 个;缝合绳,ϕ8 单绳。③减压环。型号 GS-8001。

(4)钢柱构件。钢柱、基座、钢柱连接件、地脚螺栓锚杆和防倾倒螺杆及连接用螺栓配件。①钢柱。型号 GZ-20-3,即由 20 号工字钢制作、高度为 3m 的钢柱,表面涂刷防锈漆。②地脚螺栓锚杆。型号 D28-M28×50,即由直径 28mm 螺纹钢筋制作,螺杆直径 28mm、螺杆长度为 50mm 的地脚螺栓。③防倾倒螺杆。型号 Q22-M28×50,即由直径 28mm 光圆钢筋制作,螺杆直径 28mm、螺杆长度为 50mm 的螺栓。④GS-7001 型基座,GS-7005 型连接件。

(5)RXI-200 型柔性被动防护网各构件的质量符合相关规范、标准及试验方法的要求。

4.6.3.6 危岩体内部排水

为降低危岩体内部水对危岩体稳定性的影响,在部分危岩体底部设计泄水管,即设置一排ϕ100mmPVC管泄水管,横向间距3.0m,外倾5°,泄水管底排高于地面线300mm,管壁设置5mm的孔洞外包土工布作为反滤层。

4.7 水害治理设计

4.7.1 设计概述

本期工程的重点为三游洞题刻区的水害治理。如前文所述,区内大气降水及生活用水在重力作用下垂直下渗补给覆盖于三游洞顶部的残坡积层,由于该层具有一定的孔隙,故能存储部分渗水形成松散岩类孔隙水。题刻区主要汇水区域为②区大部、③区西部和⑥区局部构成的从三峡震旦角石园至楚塞楼的山顶平缓区域。②区是三游洞赋存地,由J3及J7控制形成,其中J7是一条主要渗水裂隙,J7以东为③区,是该区内渗水较严重的区域。本期工程重点控制三游洞文物本体题刻区域的渗水病害,即由J3和J7两大竖向导水裂隙控制的区域,对该区进行试验性施工。

针对题刻区水害,主要设计内容如下:
(1)对题刻区域内主要竖向裂隙J3、J4、J5、J6、J7进行封闭灌浆。
(2)采用膨润土防渗毯对崖顶平缓区域进行处理,表面覆土复绿。
(3)在防渗区域新建排水沟。

4.7.2 裂隙注浆

4.7.2.1 裂隙注浆范围及原则

以水害较为严重的题刻区域上部裂隙为对象进行灌浆试验性施工,将J3和J7控制的②区和⑥区部分划为试验区,对试验区内主要竖向导水裂隙J3、J4、J5、J6、J7(表4.6-1)进行封闭灌浆,灌浆前进行详细的测量及编录,结合裂隙宽度及填充情况选择合适的灌浆材料,并对题刻区内文物赋存地周围可能的泉水出露点裂隙进行封闭处理,防止漏浆对题刻区内文物造成损伤。灌浆施工期及施工后,应指定专人对文物区内所有裂隙出露点进行巡视,发现漏浆情况马上采取措施。

4.7.2.2 注浆原材料比选

本工程注浆材料采用普通硅酸盐水泥、超细水泥、水硬性石灰浆液进行试验性施工,对比各裂隙开度下各种浆液的注浆效果,确定最终注浆材料。

表 4.6-1　试验区裂隙统计表

J3	8°∠88°	构造裂隙,可见延伸长度 12.0m,隙宽 8cm,少量泥质填充
J4	22°∠85°	构造裂隙,可见延伸长度 8.5m,隙宽 2mm,无充填物
J5	1°∠88°	构造裂隙,可见延伸长度 8.5m,隙宽 0.2cm,少量泥质填充
J6	155°∠81°	构造裂隙,可见延伸长度 3m,隙宽 12cm,少量碎石填充
J7	19°∠86°	构造裂隙,可见延伸长度 4.0m,隙宽 12cm,少量碎石填充

(1) 普通硅酸盐水泥。本工程灌浆以水泥为主剂,其主要特点为结石力学强度高、耐久性好、无毒、价格低廉。但普通水泥浆容易沉淀析水,稳定性较差。同时,水泥浆在硬化时伴有体积收缩,灌浆堵漏效果会降低。普通水泥颗粒较粗,对于较细裂隙可灌性较差,适用于开度大于 0.2～0.3mm 的裂隙。

(2) 超细水泥。超细水泥具有比普通水泥更好的渗透性和可灌性,同时兼具普通硅酸盐水泥的优点,但其造价高于普通硅酸盐水泥,在裂隙开度大、灌浆量较大时经济性较差,在裂隙较小、普通水泥可灌性不满足灌浆要求时选用。

(3) 水硬性石灰。用黏土含量较高或二氧化硅含量较高的石灰石烧制,具有机械强度高、凝结速度快、防水性能好、抗冻性能好等优点,同时能避免水泥的泛碱现象。在裂隙注水试验确定其与文物本体存在联系时,可采用水硬性石灰作为灌浆主料。

4.7.2.3　灌浆参数设计

1) 压水试验

(1) 试段长度。压水试验自上而下单塞分段进行,全孔一般分 3 段进行压水,孔口段设保护套管。试段长度一般为 5～6m,裂隙密集带或有竖向裂隙的,根据实际情况对试段长度进行调整。

(2) 压水试验计算。单点压水试验中,透水率 q 的计算式为

$$q = Q/(P \cdot L) \tag{4.7-1}$$

式中:Q 为压水流量(L/min);P 为压水段内的全压力(MPa);L 为压水段长度(m)。

五点法压水中,采用 3 级压力 5 个阶段进行,即按 $P_1-P_2-P_3-P_4(=P_2)-P_5(=P_1)$,其中 $P_1<P_2<P_3$。本试验中,$P_1=0.3$MPa,$P_2=0.6$MPa,$P_3=1.0$MPa,$P_4=0.6$MPa,$P_5=0.3$MPa。

需要说明的是,在试验过程中,若试段风化程度较严重,水渗透率较大,无法升压至 1MPa,P_1、P_2、P_3 三级压力应降级。

2) 灌浆压力

灌浆压力主要通过灌浆压力公式计算选定,在灌浆过程中依据具体情况进行调整。

一个灌浆段的全部灌浆过程在一定条件下应在规定的压力下进行。另外,灌浆过程中应选择合适的浆液,适时变换浆液,合理控制灌浆压力并使之很好地配合,这是保证灌浆效

果的重要因素。

根据勘探资料揭示的地质情况,本次灌浆试验中灌浆压力分以下3种情况选定:

(1)岩体风化较严重灌浆段,灌浆压力不宜过大,最大灌浆压力一般不应大于0.4MPa。

(2)若无较大裂隙且浆液渗漏量较小,最大灌浆压力一般不得大于1MPa。

(3)灌浆段若渗漏量较大,灌浆压力应根据浆液的渗漏量选定,保持渗漏量在20～30L/min的灌浆压力为宜。

施工时,应以施工单位根据每条裂隙的现场压水试验结果为标准,通过计算确定最终灌浆压力。

3)浆液配比

(1)浆液配比。设计方案暂定水泥灌浆浆液的水灰比为2∶1、1.5∶1、1∶1、0.8∶1四个比级。

(2)配比变换。在灌浆过程中,浆液浓度的使用一般是由稀浆开始,逐级变浓,直至达到结束标准。过早地换成浓浆,易将细小裂隙进口堵塞,致使浆液无法进入裂隙,影响灌浆效果;灌注稀浆过多,浆液易过度扩散,造成材料浪费,不利于岩石的密实性。因此,根据岩石的实际情况,恰当地控制浆液浓度的变换是保证灌浆质量的一个重要因素。一般情况下,灌浆段内的细小裂隙多时,稀浆灌注的时间应长一些;反之,如果灌浆段中的大裂隙多时,则应较快转换成较浓的浆液,使灌注浓浆的历时长一些。改变水灰比后,如灌浆压力突增或吸浆率锐减,则应立即查明原因。

本工程灌浆过程中浆液浓度的变换需遵循以下原则:①当灌浆压力保持不变、吸浆量均匀地减少时,或当吸浆量不变、压力均匀地升高时,不需要改变水灰比。②当某一级水灰比浆液的灌入量已达到某一规定值(例如300L)以上,或灌浆时间已达到足够长(例如30min),而灌浆压力及吸浆量均无显著改变时,可改换浓一级浆液灌注。③当注入率大于30L/min时,浆液浓度可根据具体情况越级变浓。

4.7.3 地面防水设计

对三游洞山顶区域进行防水处理,采用膨润土防水毯柔性防水材料上覆黏性土的处理方案,防止地表水下渗。地表通过植树、植草进行绿化,以便与环境协调。具体防渗布置及防渗做法见图4.7-1。

4.7.3.1 膨润土防水毯简介

膨润土防水毯(geosynthetic clay liner,GCL)是一种新型土工合成材料,也称为膨润土复合防水毯。膨润土防水毯由3层组成,上下两层分别为土工织物,主要起保护和加固作用,具有一定的整体抗穿刺强度和抗拉强度;中间为钠基膨润土粒层,由经过级配的天然钠基膨润土颗粒和相应的外加剂均匀混合而成,具有高膨胀性和高吸水能力,湿润时透水性能低,主要起防渗作用。

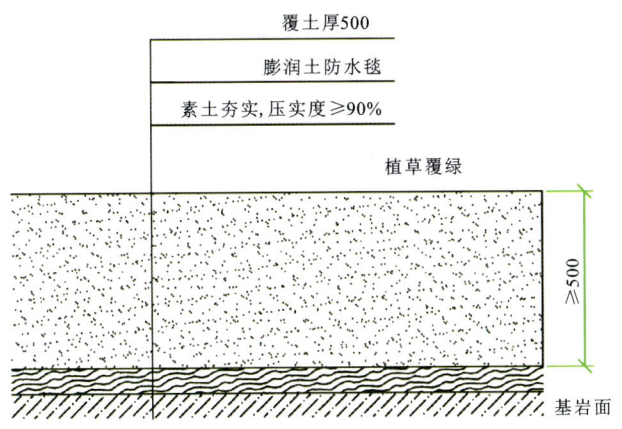

图 4.7-1　地面防水设计图

膨润土防水毯中的膨润土矿物学名称为蒙脱石，天然的膨润土按化学成分主要分为钠基和钙基两大类。膨润土具有遇水膨胀的特性，一般钙基膨润土膨胀时，仅可膨胀至自身体积的 3 倍左右，而钠基膨润土遇水时可吸附自身重量 5 倍的水，体积可膨胀到原来的 15～17 倍以上，将钠基膨润土锁在两层土工合成材料中间可起保护和加固的作用，使膨润土防水毯具有一定的整体抗剪强度。

膨润土防水毯的优点如下：

(1) 密实性。钠基膨润土在水压状态下形成高密度横隔膜，厚度约 3mm 时，它的透水性数量级在 10^{-11} m/s 以下，相当于 100 倍 30cm 厚度黏土的密实度，具有很强的自保水性能。

(2) 永久的防水性能。钠基膨润土是天然无机材料，即使经过很长时间或周围环境发生变化，也不会发生老化或腐蚀现象，因此防水性能持久。

(3) 施工简单、方便。与其他防水材料比较，施工相对简单，不需要加热和粘贴。只需用膨润土粉末和钉子、垫圈等进行连接和固定。施工后不需要进行特别检查，如果发现防水缺陷也容易维修。GCL 在现有防水材料中施工工期最短。

(4) 不受气温影响。在寒冷气候条件下也不会脆断。

(5) 防水材料和对象一体化。钠基膨润土遇水时，具有 20～28 倍的膨胀能力，即使混凝土结构物发生震动和沉降，GCL 内的膨润土也能修补 2mm 以内混凝土表面的裂纹。

(6) 绿色环保。膨润土为天然无机材料，对人体无害无毒，对环境没有特别的影响，具有良好的环保性能。

4.7.3.2　设计方案

本次地面防水选用针刺法钠基膨润土防水毯（GCL-NP），膨润土采用天然钠基膨润土，单位面积质量为 4000g/m²，基本性能指标符合《钠基膨润土防水毯》(JG/T 193—2006)，具体物理力学性能指标见表 4.7-2。

表 4.7-2　GCL-NP 物理力学性能

序号	项目	技术指标
1	防水毯单位面积质量/(g·m^{-2})	4000
2	膨润土膨胀指数/[mL·(2g)$^{-1}$]	≥24
3	吸蓝量/[g·(100g)$^{-1}$]	≥30
4	拉伸强度/[N·(100mm)$^{-1}$]	≥600
5	最大负荷下伸长率/%	≥10
6	剥离强度/[N·(100mm)$^{-1}$]	≥40
7	渗透系数/(m·s^{-1})	≤5.0×10^{-11}
8	耐静水压	0.4MPa,1h,无渗漏
9	滤失量/mL	≤18
10	膨润土耐久性/[mL·(2g)$^{-1}$]	≥20

4.7.4　排水沟设计

根据题刻区崖顶的实际情况，采用排、引、疏结合的方式防治地表水对造像区的危害，主要措施如下：

(1)拆除原有排水沟。题刻区崖顶排水系统多年失修，堵塞破损严重，已基本丧失排水能力，应对其进行拆除。

(2)新建排水明沟。题刻区崖顶地势以中心为最高点，向四周呈放射状渐低。在防渗区域依据道路布置分级修建排水沟形成整体排水系统，沟底与防渗毯搭接，以排泄崖顶区域的地表水。

雨水设计流量计算式为

$$Q = q\psi F \qquad (4.7-2)$$

式中：Q 为雨水设计流量(L/s)；q 为设计暴雨强度[L/(s·ha)]；ψ 为径流系数，因汇水区采用防渗毯，取 0.9；F 为汇水面积(ha)，崖顶总面积为 1.51ha，从分水岭向两侧汇流，因此设计汇水面积按 1/2 总面积计算，即 0.76ha。

设计暴雨强度计算式为

$$q = \frac{2822(1+0.775\lg p)}{(t+12.8p^{0.076})^{0.77}} \qquad (4.7-3)$$

式中：t 为降雨历时(min)，取 3min；p 为设计降雨的重现期(a)，按 20a 考虑。

将各参数代入，崖顶雨水设计流量计算结果如表 4.7-3 所示。

根据雨水设计流量，确定排水沟尺寸为

$$A = \frac{Q}{v} \qquad (4.7-4)$$

式中：A 为排水沟截面积(m^2)；v 为排水沟设计流速(m/s)，取 2m/s。

表 4.7-3　崖顶雨水设计流量统计表

位置	汇水面积 F/ha	暴雨强度 q/[L/(s·ha)]	径流系数 ψ	设计流量 Q/(L·s^{-1})
崖顶	0.76	588.89	0.9	401.17

计算得到排水沟截面积不得小于 0.21m²，设计拟采用矩形截面，尺寸为 400mm×600mm。

排水沟采用 C30 混凝土，结合崖顶实际地形砌筑，距离崖边 0.8m 采用单面排水纵坡，排水坡度不小于 1‰，每隔 10～15m 设置一道伸缩缝，宽 2cm，用沥青麻筋填塞。排水沟揭露的各类裂隙灌注水泥浆液封堵。为防止暴雨时沟水外溢，同时兼防上部坡面落石，将崖顶排水沟外侧壁适当提高 0.3m。考虑到施工安全与景观协调因素，水沟位置与外侧壁高度可根据现场实际地形确定。施工完毕须对外侧壁进行适当复旧和造型修饰。

采用暗埋下水管道的方式将排水沟中从崖顶流向崖底的雨水引排至崖底，并分别排入长江和下牢溪，以避免破坏景观和水流长期冲刷对岩壁造成慢性侵蚀。

4.7.5　露天摩崖石刻防水设计

题刻区摩崖石刻所受水害来源可分为两个部分：一部分是崖顶雨水径流通过岩壁往下流，在石刻表面形成挂流；另一部分是地表雨水通过裂隙下渗，在石刻附近的裂隙中出露进而对石刻造成影响。针对各类水害成因，裂隙灌浆、崖顶地面防渗措施及修建崖顶排水沟可阻隔大部分水源补给，切断雨水对石刻产生不利影响的路径。但雨水的直接浇淋和岩壁在雨水浇灌下产生的挂流仍无法避免。

石刻原有的雨水防护措施分为龛檐和导流槽两类，龛檐能防止雨水直接浇灌和隔断岩壁挂流，导流槽亦能切断岩壁挂流，改变挂流走向。但原设施因年代久远均已不同程度损坏或残缺。针对此种情况，本工程石刻区水害治理设计与原水害防治措施一致，即采取在石刻上部加装龛檐和导流槽的方式，各工程措施制式均与原设施观感保持一致。

1）题刻"灵区"

"灵区"题刻残存一龛檐，是整个题刻区唯一保存较完整的龛檐，但原龛檐长度稍显不足，龛檐两侧有开孔设计，雨水由此孔形成滴水。设计方案对原龛檐进行适当修复加固，并在原有龛檐两侧岩体上开凿导水槽，与龛檐后部开孔连接，导水槽宽 50mm，深 50mm，向下倾斜 45°，每侧长 1000mm，走向依据岩体走势。

2）题刻"鬲凡"

"鬲凡"题刻上部已无有效遮雨设施，因此在题刻上部设置一龛檐。龛檐制式与题刻区原龛檐保持一致。龛檐宽 1700mm，悬挑长度为 300mm，采用 C25 混凝土。龛檐内主筋与岩体采用植筋形式连接，植筋段长度为 600mm，孔径为 42mm，黏结剂采用锚固用 A 级胶，其性能指标应符合《混凝土结构加固设计规范》(GB 50367—2013) 相关要求。施工时应收集钻孔产生的岩粉，通过试验调配颜料，对龛檐表面进行做旧处理，使龛檐外观与周围岩体一致。

3）题刻"万方多难"

由于上下错落分布且距离较近，"万方多难"题刻与其下部两个题刻共用一个龛檐，龛檐制式与题刻区原龛檐保持一致。龛檐宽1700mm,悬挑长度为300mm,混凝土采用C25混凝土。龛檐内主筋与岩体采用植筋形式连接,植筋段长度为600mm,孔径为42mm,黏结剂采用锚固用A级胶,其性能指标应符合《混凝土结构加固设计规范》(GB 50367—2013)相关要求。施工时应收集钻孔产生的岩粉,通过试验调配颜料,对龛檐表面进行做旧处理,使龛檐外观与周围岩体一致。

4)④区1、2号题刻

在④区1、2号题刻上部新建一龛檐,龛檐制式与题刻区原龛檐保持一致。龛檐宽1600mm,悬挑长度为300mm,混凝土采用C25混凝土。龛檐内主筋与岩体采用植筋形式连接,植筋段长度为600mm,孔径为42mm,黏结剂采用锚固用A级胶,其性能指标应符合《混凝土结构加固设计规范》(GB 50367—2013)的相关要求。施工时应收集钻孔产生的岩粉,通过试验调配颜料,对龛檐表面进行做旧处理,使龛檐外观与周围岩体一致。

第5章　加固工程施工

5.1　危岩体加固

5.1.1　危岩清除

危岩清除施工流程为原始坡面测量与设计对比→坡面清理→清坡后坡面测量与设计对比。

施工总体思路是先防护后施工，先清除浮石、浮土，后清除危岩体，边施工边监测，从上至下逐层清理，对于浮土、浮石，采用人工撬除清理的方法，对于危岩体，采用人工机械配合凿成小块后清除（图5.1-1）。针对浮石、浮土采取"一看、二敲、三撬"的作业方法；对随时可能滚落的零小危石、活石按轻重缓急定人、定时处理；对危岩体采用机械凿孔、钢契挤压的方法进行破碎作业；对暂时无法处理的危石，指派专人进行重点监控，全面排查；对长期无法排除的危石进行加固并安装防护网，指定专人长期看护，随时记录危石动态信息，看护现场人员进行不间断巡查、抽查。

图5.1-1　危岩和浮土碎石清理

5.1.2 锚索加固施工

5.1.2.1 施工工艺

锚索加固施工工艺包括钻孔、清孔、锚索安装、锚索注浆、锚索张拉、封锚做旧。

(1)钻孔(图5.1-2)。锚索孔按设计图纸布设。钻孔要求采用无振动成孔设备,防止施工震动造成岩体失稳和文物损伤。成孔直径150mm,钻孔深度比设计深0.5m(预留沉渣长度)。钻孔定位偏差不应大于100mm,钻头直径不应小于设计孔径3mm,锚孔偏斜度不应大于2%。钻进过程中,进一步核实危岩后缘主控结构面在陡崖内的具体位置和产状并及时编录,与设计不符的,应及时上报和调整方案。

(2)清孔。锚孔完成后,须用高压风(风压不小于0.14MPa)清孔5min以上,将孔岩屑和岩粉清除干净。钻孔过程中,对地层、岩粉、进尺速度、钻速、钻压等及一些特殊情况作出记录。若遇塌孔,立即停钻,进行灌浆固壁处理后重新钻进,最后待质检人员检查合格后方能将钻机挪位进行下一孔施工。

图5.1-2 钻孔

(3)锚索安装(图5.1-3)。锚索材料采用φ15.2mm,公称抗拉强度为1860N/mm^2,截面积139mm^{2}钢绞线。锚索安装前应检查其质量,安装后不得随意敲击,不得悬挂重物。

图5.1-3 锚索加工及锚索安装

(4) 锚索注浆(图5.1-4)。注浆材料采用 M30水泥砂浆,水泥砂浆用标号425号普通硅酸盐水泥,水灰比为0.35~0.45的砂浆,搅拌均匀后用灰浆泵注浆。第一次注浆,通过注浆管泵送灌注,下倾角锚索从孔底至孔口返浆式进行,压力不宜小于0.6~0.8MPa,注浆管随浆液的注入而徐徐外拔,保证注浆饱满、密实。上倾角锚索由孔口至孔底返浆式进行,排气管置于孔底。第一次注浆2~3天后,进行第二次灌浆。部分浆液渗入岩体与土体,造成锚索周围砂浆不饱满,因而必须行第二次注浆,压力不宜小于0.6~0.8MPa,通过高压注浆,使锚索孔道砂浆饱满密实。注浆管宜与锚索同时放入孔内,注浆管端头到孔底距离宜为100mm。

图5.1-4 锚索注浆

(5) 锚索张拉(图5.1-5)。分两次逐级张拉,第一次张拉值为总张拉力的70%,两次张拉间隔时间不宜小于3~5d。为减少预应力损失,总张拉应包括超张拉值,自由段为土层时超张拉值宜为15%~25%,自由段为岩层时宜为10%~15%。张拉必须等孔内砂浆达到设计强度的70%后方可进行,张拉中应对锚索伸长及受力做好记录,核实伸入与受力值是否相符。

图5.1-5 锚索张拉

(6) 封锚做旧(图5.1-6)。锚头需进行特殊的防腐做旧处理,在锚头位置人工开凿方形凹槽,将锚头与垫板放入,采用修补砂浆填充凹腔,修补砂浆通过现场试验配制,具体配比需通过多组试样试验确定,保证修补砂浆与岩体结合力好,强度相当。修补砂浆表面进行做旧处理。做旧时首先将修补砂浆表面凿毛,冲洗干净,然后均匀覆盖做旧复合材料,复合材料需由美术及化学专业人员配制,具体配比需通过现场多组配比试验确定,保证颜色与周边岩体相同,耐久性好,最后表面依据周边岩体纹理塑形,塑形纹理需与周边岩体协调一致,保证过渡自然。

图 5.1-6　封锚做旧

5.1.2.2　对锚索施工的要求

(1)防止机械损伤。在搭设、拆除脚手架时及钻机钻孔和下锚注浆时,施工人员应关注对文物本体的保护,防止坚硬物体触碰文物表面造成机械损伤。对于离文物本体较近的危岩体,施工前应对文物本体采取有效的遮挡保护。

(2)防止粉尘污染。钻孔时产生的岩粉将被空压机产生的高压气体从钻孔口和内部裂隙通道中吹出,岩粉附着在岩体表面将对摩崖石刻文物本体产生污染。施工时应采取有效措施防止粉尘污染。一是对文物本体进行有效覆盖和遮挡;二是采取有效手段对施工产生的粉尘进行收集,防止扩散。

(3)浆液污染。注浆前应对钻孔全段进行电视摄像,掌握孔内裂隙分布。同时利用成孔施工时的风压,观测和编录附近裂隙和钻孔裂隙的连通情况,对与钻孔存在联系的裂隙进行有效封堵后方可注浆。注浆作业时需专人对这些裂隙进行全程观测,发现漏浆及时采取有效措施,防止污染石刻本体。对于漏浆产生污染的防治,施工单位需提前制定措施和预案。

(4)施工震动。施工震动将极大降低危岩体自稳能力,本工程施工面窄,施工过程中一旦出现危岩体垮塌极有可能直接导致整个脚手架平台的倾覆,造成人员伤亡。且个别危岩体上存在石刻,本身即为文物,若出现破坏,损失难以估量。因此本工程钻孔施工要求采用无振动的方式,且必须进行严格的施工监测并制定有效的应急预案。

5.1.3　裂隙注浆施工

对危岩体结构面和裂隙进行灌浆,灌浆采用水泥浆,水泥采用 P.O 42.5 水泥,水灰比为

0.4～0.5。主要施工过程为搭设施工工作平台→裂隙检查及标注→裂隙清理→封隙→埋设注浆管→灌浆→拔管做旧。

(1)搭设施工工作平台。用脚手架等搭设施工平台,确保施工平台稳固、安全、实用。

(2)裂隙检查及标注。裂隙灌浆前,必须查清裂隙发生的部位及裂隙宽度、长度、深度和贯穿情况。

(3)裂隙清理(图5.1-7)。采用毛刷等人工清理方式,将裂隙内两壁和底部的虚土、杂草等清扫干净,对于深部难以清理的裂隙,采用空压机、高压水枪清理。

(4)封隙。用水泥砂浆填充封闭裂隙口,视裂隙口状况进行2～3遍封闭工作,第一遍应尽量往裂隙里填灌浆料,厚约15cm,待第一遍填充的砂浆凝固后,一般相隔12h,再做第二遍、第三遍封闭工作。进行第二遍或第三遍封闭工作时,将灌浆料表面整平,保持低于岩面1cm左右,便于灌浆完毕后在封闭灌浆料面上做旧。

(5)埋设注浆管(图5.1-8)。封闭裂隙时在适当的部位插入直径3cm的硬质塑料管,作为注浆口,注浆管视裂隙的状况插入较深的部位,一般在0.5～1m深处,且须注意防止裂隙中的杂物堵塞注浆管口。注浆管插好后,用灌浆料固定。

图5.1-7　裂隙清理

图5.1-8　埋设注浆管

(6)裂隙灌浆。在灌浆前先对裂隙进行封闭检查,一般是快速用压力向裂隙中送风,除送风的注浆口外,其他注浆口都要暂时堵塞,这样可以检查出裂隙口封闭的牢固程度。注浆前,对靠近注浆裂隙的本体用塑料薄膜进行遮挡,防止灌浆操作时不慎跑浆,造成污染。灌浆过程中,要始终对周围的裂隙,特别是本体附近的裂隙进行严密观察,稍有渗漏浆先兆,立即停止灌浆。灌浆时先从低处的注浆管开始灌注,这样可依次将上部的注浆管作为排气口和观测口。当较上部的注浆口中有浆液溢出时,将已灌满浆的注浆口用圆木塞堵紧,依次移动灌浆机的出浆管进行连续灌浆。一般裂隙都呈"V"形,即口部宽,深处细窄,为保证灌浆密实,开始用水灰比大的稀浆液,尽量使浆液流入裂隙深处的细小部位,然后在裂隙上部较宽的部位用水灰比小的稠浆液。

(7)拔管做旧。待浆液完全凝固后,切取伸出岩面的塑料注浆管,用岩粉配置专用砂浆做旧封闭裂隙的砂浆面,使之与壁面保持在同一平面。

5.1.4 被动防护网施工

被动防护网施工工序为测量定位→基坑开挖→绑扎钢筋笼、预埋锚杆及地脚螺栓、浇筑混凝土→基座安装→钢柱及拉锚绳安装→上、下支撑绳安装→钢绳网及格栅网安装。

5.1.4.1 测量定位

施工前结合现场地形对钢柱和锚杆基础进行测量定位,现场放线长度应比设计系统长度增加3%～8%,对地形起伏较大、系统布置难沿同一等高线呈直线布置的取上限(8%),对地形平整规则、系统布置能基本上在同一等高线沿直线布置的取下限(3%)。在此基础上,柱间距可以为设计间距20%的缩短或加宽调整范围。

(1)系统走向应尽可能为水平直线,必须避开较大的地形起伏或在必要时进行平整处理(填平凹坑、整平凸起体或沿等高线放线)。当系统走向不是直线时,应根据其走向变化情况设计增加下拉锚绳。

(2)柱间距标准值为10m。必要时,在保持系统走向总长度和各分段长度不变的前提下,可以在8～10m范围内进行调整。

(3)钢丝绳锚杆的位置由其与相邻基座间的水平距离确定,该距离标准值取决于系统高度,必要时允许有10%的调整量,但必须注意的是,除上拉锚杆以外的所有锚杆均不得位于上坡侧。

5.1.4.2 基坑开挖

钢柱基础尺寸80cm×60cm×90cm,采用人工开挖,禁止爆破作业。钢丝绳锚杆基坑尺寸100cm×180cm×(≥180cm深)。对覆盖层不厚的地方,当开挖至基岩而尚未达到深度要求时,则可在基坑内的锚孔位置处钻凿锚杆孔,待锚杆插入基岩并灌浆后才灌注上部基础混凝土。对于孔位在坚硬岩层上的可以直接在岩石上开孔锚固,孔眼为$\phi42$mm[图5.1-9(a)]。

5.1.4.3 绑扎钢筋笼、预埋锚杆及地脚螺栓、浇筑混凝土

预埋锚杆并灌注基础性混凝土时,放置钢筋笼($\phi16$钢筋制作)及地脚螺栓锚杆($\phi28$钢筋),预埋锚杆并浇筑标号C20的基础混凝土。在进行张拉、紧固等工序前,混凝土或注浆体养护不得少于3d。

5.1.4.4 基座安装

将基座套入地脚螺栓并用螺帽拧紧[图5.1-9(b)]。

图 5.1-9 基础锚杆施工(a)与基座安装(b)

5.1.4.5 钢柱及拉锚绳安装

(1)将钢柱顺坡向上放置并使钢柱底部位于基座处。

(2)将上拉锚绳的挂环挂于钢柱顶端挂座上,然后将拉锚杆的另一端与对应的上拉锚杆套连接并用绳卡暂时固定(设置中间加固和下拉锚绳时,同上拉锚绳一起安装或待上拉锚绳安装好后再安装均可)。

(3)将钢柱缓慢抬起并对准基座,然后将钢柱底部插入基座中,最后插入连接螺杆并拧紧。

(4)通过上拉锚绳调整好钢柱的方位,拉紧上拉锚绳并用卡绳固定。

(5)钢柱与坡面夹角为75°~90°。侧拉锚绳安装方法同上拉锚绳,只是在上拉锚绳安装好后进行。

钢柱及拉绳安装见图 5.1-10。

图 5.1-10 钢柱及拉锚绳安装

5.1.4.6 上支撑绳安装

(1)将第一根支撑绳的挂环端暂时固定于端柱(分段安装时为每一段的起始钢柱)的底部,然后沿平行于系统走向的方向上调直支撑绳并放置于基座的下侧,并将减压环调节就位(距钢柱约 50cm,同一根支撑绳上每一跨的减压环相对于钢柱对称布置)。

(2)将该支撑绳的挂环挂于端柱的顶部挂座上(仅用 30%标准固力),在第三根钢柱处将支撑绳放在挂座内侧。如此相同安装支撑绳在基座的外侧和内侧,直到本段最后一根钢柱并向下绕至该钢柱基座的挂座上,再用绳卡暂时固定。

(3)再次调整减压环位置,当确定减压环全部正确就位后拉紧支撑绳并用绳卡固定。

(4)第二根上部支撑绳和第一根的安装方法相同,只不过是从第一根的最后一根钢柱向第二根钢柱的方向反向安装而已,且减压环位于同一跨的另一侧(有减压环时)。

(5)在距减压环约 40cm 处用一个绳卡将两根上部支撑绳相联结(仅用 30%标准固力)。

5.1.4.7 下支撑绳安装

(1)将第一根支撑绳的挂环挂于端柱基座的挂座上,然后沿平行于系统走向的方向上,调直支撑绳并放置于基座的下侧,并将减压环调节就位(距钢柱约为 50cm,同一根支撑绳上每一跨的减压环相对于钢柱对称布置:当每跨为单减压环时,应与上部支撑绳的减压环呈对角关系)。

(2)在第二个基座处用绳卡将支撑绳固定于挂座的外侧(仅用 30%标准固力);在第二个基座处将支撑绳放在挂座内下侧。如此相同安装支撑绳在基座的外侧和内下侧直到本段最后一个基座,并将支撑绳缠绕在该基座的挂座上,再用绳卡暂时固定。

(3)检查确定减压环全部正确就位后拉紧支撑绳并用绳卡固定。

(4)按上述步骤安装第二根支撑绳,但反方向安装,且减压环位于同一跨的另一侧。

下支撑绳安装见图 5.1-11。

图 5.1-11 下支撑绳安装

(5)在距减压环约40cm处用一个绳卡将两根底部支撑绳相互联结(仅用30%标准固力),如此在同一挂座处形成内下侧和外侧两根交错的双支撑绳结构。

5.1.4.8 钢绳网安装

(1)钢绳网的起吊就位方法宜根据现场施工场地、机具(起吊滑轮组、钢丝绳、粗麻绳、葫芦、梯子等)、人力条件以及经验和习惯而定,一般宜采用以下方法:①用一根起吊绳(钢丝绳或专门准备的粗麻绳)穿过钢绳网上沿第三排网孔,一端固定在临近钢柱的顶端,另一端穿过悬挂固定于上支撑绳上的起吊滑轮组并使尾端垂落到地面附近。②拉动起吊绳尾端,直到钢绳网上沿上升到上支撑绳水平为止,再用绳卡将网与上支撑绳暂时进行松动连接,同时也可将网与下支撑绳暂时连接以确保缝合时更为安全,此后起吊绳可以松开抽出。③重复上述步骤将全部钢绳网悬挂到上支撑绳上后,侧向移动钢绳网使其正确就位。

(2)将缝合绳按单张网周边长的1.3倍左右截短,并在其中部做上标志。

(3)钢绳网的缝合。从系统的端跨开始,先将缝合绳中点固定在上支撑绳的跨中位置,从中点开始向两侧将网与两根支撑绳缠绕在一起,直到支撑绳并结绳卡处后,改与不带减压环的一根支撑绳缠绕在一起,当到达柱顶挂座时,将缝合绳从挂座的前侧穿过(不能缠绕到挂座上),转向下继续将网与支撑绳(上支撑绳与钢柱平行的单绳段)或相邻网缝合在一起直到基座挂座,同样从挂座的前侧穿过并转向该张网后继续缠绕不带减压环的一根下支撑绳,直到下支撑绳并结绳卡之处后,再次改与两根下支撑绳缠绕在一起,直到缝合绳两端重叠1m左右为止,最后用两个绳卡将缝合绳与钢绳网固定在一起,绳卡应位于离缝合绳末端约0.5m处(必须注意的是,缝合绳在任何位置处均不得与钢柱和基座直接连接)。

(4)当支撑绳分段设置而使一段拦石网的部分中部钢柱有与其平行的单支撑绳时,由于钢柱间距的非完全均匀布置,钢绳网侧边沿可能不刚好在该钢柱处,此时在缝合完毕后宜用绳卡将钢绳网与该单支撑绳段松动连接,连接点间距1m左右。

钢绳网安装如图5.1-12所示。

图5.1-12 钢绳网安装

5.1.4.9 格栅网的安装

(1)格栅网铺挂在钢绳网的内侧,叠盖钢绳网上缘并折到网的外侧15cm,用扎丝将钢绳网与格栅网联结在一起。

(2)格栅网底部应沿斜坡向上敷设0.5m左右,为使下支撑绳与地面间不留缝隙,用一些石块将格栅网底部压住。

(3)每张格栅网之间叠盖10cm。

(4)用扎丝将格栅网固定到钢绳网上,每平方米固定4处。

(5)每隔50m设置φ16中间加固拉锚绳一处。

格栅网安装如图5.1-13所示。

图5.1-13 格栅网安装

5.2 水害治理

5.2.1 膨润土防渗毯施工

5.2.1.1 施工流程

膨润土防水毯施工流程及现场照片如图5.2-1、图5.2-2所示。

5.2.1.2 施工技术要点

1. 材料堆放

堆放防水毯的场地应选择地势较高的地方,防水毯需架空存放,防止受潮,必要时搭设放料棚。

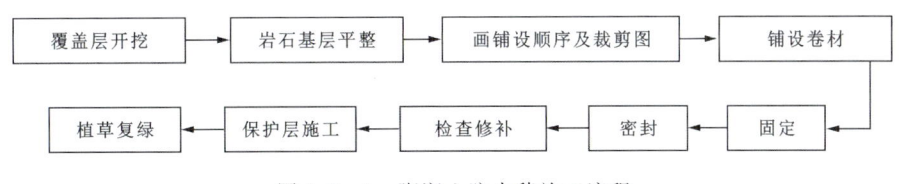

图 5.2-1 膨润土防水毯施工流程

2. 铺设前的准备工作

(1) 在完成岩石裂隙注浆之后再进行本道工作。

(2) 做下料分析,画出膨润土防水毯铺设顺序和裁剪图。

(3) 检查膨润土防水毯的外观质量,记录并修补已发现的机械损伤和生产创伤、孔洞等缺陷。

(4) 膨润土防水毯的施工应在无雨天气下进行,施工时如遇下雨,应用塑料薄膜进行遮盖,防止提前水化。

3. 基层(支持层、垫层)的处理

(1) 本工程以基岩作为防渗毯基面,开工前应将防水区域覆盖层挖除,并对基岩面进行修整清理。

(2) 基层表面应平整坚固,不能有凸出 10mm 以上的岩石和其他物体,也不能有明显的空间。

(3) 表面应基本干燥,不能有明显的积水。

(4) 在基层处理完毕后,如遇下雨应及时采用排水措施,确保基层条件不受破坏。

4. 膨润土防水毯的铺设

(1) 采用人工铺设。

(2) 按规定顺序和方向分区分块进行膨润土防水毯的铺设,从相应施工段最低处开始铺设。

(3) 铺设膨润土防水毯时,毯与毯之间的接缝应错开,不宜形成贯通的接缝。

(4) 膨润土防水毯搭接面不得有砂土、积水(包括露水)等影响搭接质量的杂质存在。

(5) 坡面上铺设膨润土防水毯时,为避免其滑动,可用销钉加垫片将其固定,除了在防水毯重叠部分和边缘部位用钢钉固定外,整幅防水毯中间也需视平整度加钉,务求防水毯固定安装在坡面。钉孔部位可视需要作出处理。

(6) 膨润土防水毯的两面分别为无纺布和编织布,铺设时无纺布应对着迎水面。

(7) 膨润土防水毯应自然松弛与支持层贴实,不宜褶皱、悬空。

(8) 施工材料的尺寸无法满足需要时,可使用搭接的方法进行施工。

(9) 膨润土防水毯平面搭接施工方法:搭接宽度不小于 300mm,在搭接底层毯的边缘处撒上膨润土粉,重量为 0.5kg/m。遇有大风天气时,可将等量土粉用清水调成膏状,在按上述要求抹于毯上。

(a)覆盖层开挖

(b)岩石基层平整

(c)铺设卷材

(d)保护层施工

(e)植草复绿

图 5.2-2　膨润土防水毯施工现场照片

(10)铺设过程中应随时检查它的外观有无破损、孔洞等缺陷,发现有孔洞等缺陷或损伤时,应及时用膨润土粉或在破损部位用周边放大 200mm 以上的膨润土防水毯进行局部覆盖修补,边缘部位按搭接的要求处理。

5. 保护层的施工

(1) 铺设施工完的防水毯,必须于当日(保证不被水淋湿)完成保护层的施工。每铺设 1000 m^2 经检查无误后即可铺设。

(2) 保护层为黏土夯实,夯实后厚度不小于 500mm,确定保护层与防水毯间紧密接触。

(3) 回填土为过滤后的黏性土,不得含有 10mm 以上的石子等杂物。回填土每回填 300mm 厚度时,要进行夯实(或压实、振捣),回填土的密实度须满足设计和规范的要求。

(4) 在夯实、压实过程中,注意不要损坏防水毯。如有损失,应及时进行修补。

5.2.1.3 施工注意事项

(1) 膨润土防水毯的储运应防水、防潮、防强烈阳光暴晒。储存时地面应采取架空方法垫起,运到现场的膨润土防水毯应在当日用完。

(2) 进行下道工序或相邻工程施工时,应对已完成工序的膨润土防水毯保护,不得有任何人为损坏。

(3) 应尽量避免穿钉鞋在已经铺设的膨润土防水毯上踩踏;车辆、机械也不得直接碾压铺设好的膨润土防水毯。

(4) 由于防水毯铺设区域存在大量植被,应对原有植被进行分级处理。大型乔木(胸径 10cm 以上)予以保留,防水毯在经过此类乔木时采取环绕拼接的方式。小型树木(胸径小于 10cm)进行移植,在施工前对树木进行编号记录,并留好照片,在防水毯施工完成后原位移植。对小苗和草皮采取更换处理。

5.2.2 渗水裂隙灌浆施工

渗水裂隙灌浆施工工序:搭设施工工作平台→裂隙检查及标注→裂隙清理及表面处理→标定灌浆点位→埋设灌浆嘴→裂隙冲洗→压水试验→裂隙封闭→检查封隙效果→配制浆液→灌浆→效果检查→清除灌浆嘴→表面复原。

1. 搭设施工工作平台

用脚手架等搭设施工平台,确保施工平台稳固、安全、实用。

2. 裂隙检查及标注

裂隙灌浆前,必须查清裂隙发生的部位及裂隙宽度、长度、深度和贯穿情况,并做好记录和标志,以便做好各项准备工作。

3. 裂隙清理及表面处理

对需处理的裂隙,将裂隙表面两侧 3～4cm 范围内的灰尘、浮浆用手铲、铁锤、钢刷、毛刷依次处理干净,视情况用吹风机把裂隙中的杂质吹去,如遇裂隙部位不够干燥,采用喷灯烘干,将岩石表面整平,凿除突出部分,然后清除裂隙周围的污渍,清洗时注意不要将裂隙堵塞。如有必要,视情况沿裂隙开"V"形槽,同样要清理干净"V"形槽至无浮尘、无松动颗粒和无污渍(图5.2-3)。

图 5.2-3 裂隙清理

4. 标定灌浆点位

用钢卷尺沿裂隙走向测量并标定灌浆点位,根据裂隙走向、缝宽等具体情况,确定灌浆点位间距为40~80cm。

5. 埋设灌浆嘴

根据裂隙宽度、大小、长度埋设灌浆嘴,宽隙疏布置、微细缝密布置,深隙宜密布置,浅隙宜疏布置,在裂隙交叉处、较宽处、端部及裂隙贯穿处应布置,采用无损贴嘴法对准且骑缝粘贴在预定位置,并用黏结剂固定灌浆嘴。灌浆嘴必须对准缝隙保证导流畅通,灌浆嘴应粘贴牢靠。同时把灌浆嘴底盘四周封闭。一条裂隙上必须设有进浆嘴、排气嘴、出浆嘴。

6. 裂隙冲洗

裂隙冲洗的目的是用压力水将岩缝内的松散、风化的充填物清洗干净,有利于灌入浆液与裂隙接触面进行密实胶结。裂隙冲洗可分为单孔冲洗和群孔冲洗两种,本次采用单孔冲洗的方法。

裂隙冲洗分段进行,冲洗的压力为灌浆压力的80%,但不大于1MPa,冲洗时间至回水清净为止,冲洗时间一般为10~15min。

7. 压水试验

压水试验是用泵压方式把水压入钻孔，目的是根据岩体吸水量和流量计算了解岩体裂隙发育情况和透水性。岩石渗透性表示方法一般有两种即吸水量 ω、透水率 q，国际上压水试验成果常以透水率 q 表示，单位吕荣（Lu）。

压水试验有单点压水、五点压水两种，根据试段的实际情况进行选取。两种压水方式的表达的形式有所不同，单点压水只需计算出渗透率 q 即可，五点压水则需要根据压水试验资料绘制 P-Q 曲线。

8. 裂隙封闭

裂隙表面封闭是为防止浆液外漏，保证灌浆压力，使浆液在压力作用下能渗入裂隙深部，以保证灌浆质量。为使岩石缝隙完全充满浆液，并保持压力，同时又保证浆液不大量外渗，必须对已处理过的裂隙表面（除孔眼及灌胶底座外）用环氧浆基液沿裂隙走向从上而下或从一端到另一端均匀涂刷，先沿裂隙两侧约 50mm 清洗，用环氧树脂胶沿缝走向骑缝均匀涂刷，然后用高分子改性化学胶泥封闭。注意避免出现气泡，封隙是灌浆成功的关键，裂隙封闭工序应细心（图 5.2-4）。

9. 检查封隙效果

裂隙封闭后养护一段时间且待封隙胶泥有一定强度后，进行压气试漏，检查封隙和灌胶底座密闭效果，漏气处应予修补密封至不漏为止。

图 5.2-4 裂缝封闭

10. 配制浆液

本工程灌浆材料采用水硬性石灰、超细水泥、普通硅酸盐水泥浆液，视揭露裂隙开度、胶结情况、填充物及可灌性采用合适的灌浆材料和参数，根据每次灌浆施工估算用浆量，据此估算需配制的浆液。

11. 灌浆

待封缝胶泥固化并有一定强度后，将浆液用手动灌浆泵从灌浆嘴灌入裂缝中，是整个灌浆处理裂缝的中心环节，须待一切准备工作完成后再进行（图 5.2-5）。灌浆操作程序如下：

（1）灌浆前对整个灌浆系统进行全面检查，在灌浆机具运转正常，管路畅通情况下，方可灌浆。

(2)灌浆时应采取由里到外、从下至上,或裂缝一端至另一端,或从两头向中间逐步封闭,直到下一个排气嘴出浆时立即关闭灌浆泵的转芯阀,以保证浆液充满裂隙。

(3)灌浆时将调好灌浆材料用灌浆机注入灌浆嘴,灌浆时遵循少量多次的原则,初始灌浆压力一般采用0.2MPa,应由小至大逐渐增加,不宜骤然加压,压力一般控制在0.3~0.5MPa,注意保压、稳压和充填饱满,有的细微裂隙灌浆压力可适当增大,达到规定压力后稳压,保证浆液的渗透和灌浆效果。

(4)灌浆结束标志为吸浆率小于0.1L/min,再恒压5~10min方可结束灌浆。

(5)灌浆压力、灌浆量情况,在灌浆压力原则上先小后大,逐步加压,灌浆量以起压情况控制。

(6)根据灌浆压力、灌浆量情况,在灌浆过程中适当调整灌浆参数、改变浆液稀稠程度及类型。

(7)灌浆结束后,立即拆除管道并清洗干净。密切观测进浆的速度和进浆量,直至整条裂隙都充满浆液为止。

图 5.2-5　灌浆效果

12. 效果检查

灌浆结束后,检查补强质量和效果,发现缺陷及时进行灌浆补救,确保工程质量。

13. 清除灌浆嘴

待浆液完全固化硬结后,拆下灌浆嘴,用胶泥或浆液将灌浆嘴处封口抹平。

14. 表面复原

灌浆结束后,应恢复结构表面原貌。

灌浆施工中应保证不受现场施工用水或雨水的淋湿。

5.2.3 龛檐施工

新建龛檐工序:打孔植筋(图5.2-6)→模板安装→混凝土施工→倒模安装(图5.2-7)→拆模做旧(图5.2-8)。

图5.2-6 打孔植筋　　　　　图5.2-7 倒模安装

图5.2-8 拆模做旧

5.2.4 排水沟施工

本工程排水沟浇筑材料为 C30 混凝土。

5.2.4.1 排水沟砌筑施工流程

排水沟砌筑施工流程为定位放线→修建施工便道→土方开挖→基岩面修整→模板施工→混凝土浇筑养护→土方回填→收尾工作。

5.2.4.2 排水沟砌筑施工工艺

1）定位放线

(1)坐标控制。使用全站仪由建设单位提供的坐标控制点引测。测量仪器应进行严格的检验和校正,测量尽量选在早晨、傍晚、阴天、无风的气候条件下进行,减少旁折光的影响。

(2)标高测量控制。本工程采用水准仪引测水准标高,引测时应做好测量记录,并校验标高闭合差。根据建设单位提供的水准点位置,每次直接从建设单位提供的水准点引测以保证准确。水准控制点应设在现场不受振动、不受人车行走影响,距回填土边线大于 15m 地基坚实处。测量时对 3 个水准点进行互相校核,并定期对水准点进行复核。水准测量时注意水准视线长度不大于 65m。

2）修建施工便道

沿新建排水沟修建施工便道,以保证混凝土等材料运输通畅。

3）土方开挖

土方采用小型的挖掘机进行开挖,人工修坡土方开挖放坡系数为 1∶0.5,工作面宽度为 300mm,挖出的土方用至业主指定地点。

4）基岩面修整

本工程排水沟持力层为基岩,未设置垫层。土方开挖后对揭露的基岩面进行适度的修整。基岩面修整后,经业主、监理、总包单位定位轴线验收合格后方可进行下一步施工。

5）模板施工

(1)底板模板施工前在垫层上弹出中心线及边线,沟壁模板施工前在底板上弹出中心线及边线,以便施工、校正与检查。本工程模板采用 18cm 厚的木模板,木模板拼接缝隙处全部贴透明胶带,模板支撑采用木方支撑系统。

(2)沟壁模板支设方法。先支设沟壁底板模板,底板高 100mm,支设难度不大,底板混凝土施工完毕达到一定强度后即可进行拆除,以方便内外脚手架的施工。底板混凝土施工完后,在表面弹出围堤壁的两边边线,待堤壁钢筋绑扎完并隐蔽工程验收合格后,即可支设堤壁模板。

(3)沟壁模板支设加固方法。沟壁高度较矮较长,沟壁模板施工时必须设对拉螺栓,对拉螺杆采用 φ12 圆钢,模板加工时先留好孔,拼接好后穿入 DN25 的 PVC 管做对拉螺杆的套管,这样可以节省模板加固成本。每根对拉螺杆长 1000mm,每根套管长 400mm。对拉螺杆留设间距:沟壁高度方向间距200mm,水平弧长方向间距1000mm。对拉螺杆穿入蝴蝶扣内用螺母拧紧,蝴蝶扣扣在模板背楞外的竖向双钢管上,通过竖向双钢管将对拉螺杆拉力传至模板背楞上。模板背楞间距为300mm,背楞后用钢管斜撑撑住,钢管斜撑撑入基础基槽坑壁土中,以增加支撑的抗弯刚度。

(4)沟壁模板支好后在模板内侧抄上混凝土顶面设计标高。

(5)模板拆除。待混凝土强度达1.2MPa后,模板拆除不会破坏混凝土边角方可拆除。

6)混凝土浇筑养护

本工程混凝土采用现场机械搅拌,为满足本工程的要求,安排专人严格把控原材料的使用和搅拌质量。

(1)混凝土浇筑前准备。准备施工机具,检验施工机具是否能正常使用;检查模板的标高、位置,基础的平面尺寸是否符合设计要求,检查模板之间的紧密度;检查钢筋的规格、数量、位置;模板内的垃圾、泥土等清理干净,模板浇水湿润但不允许积水,湿润后木模板尚未膨胀的缝隙应贴严,以防漏浆。

(2)混凝土的浇筑。槽底或模板内清理→混凝土浇筑→混凝土振捣→混凝土找平→混凝土养护。混凝土浇筑应连续浇筑,如必须间歇,间歇时间宜缩短,并应在上层混凝土初凝前浇筑第二层混凝土。浇筑时应注意观察模板、支架、钢筋的情况,当发现有变形、移位时应立即停止浇筑,并在已浇筑的混凝土凝结前将其修整好。混凝土振动器每一振捣点的振捣时间一般控制在20~30s,时间不宜过长也不宜过短,以混凝土泛浆和不遗留气孔为止,应避免漏振、欠振和过振。混凝土表面先用木抹抹压平整再用铁板抹平。在终凝前再进行最后的抹压,防止或减少裂纹的产生,要求抹压后的混凝土表面密实、平整。

(3)混凝土取样。混凝土的强度等级必须符合设计要求,用于检查结构构件混凝土强度的试件应在混凝土的浇筑地点随机抽取。标准养护试块每$100m^3$取样不得少于1组,同条件养护每$100m^3$留置一组,在施工现场设同条件养护池并建立养护记录。

(4)混凝土养护。应在混凝土浇筑完成后12h内对混凝土进行覆盖并保湿养护。模板拆除后,覆盖塑料薄膜进行保湿养护。混凝土养护不得少于7d。采用浇水养护时,浇水次数以混凝土表面保持湿润为标准。

7)土方回填

土方回填在混凝土验收合格后逐层回填,回填前先清理干净基坑中的水和杂物。回填土质应符合设计施工规范要求,不能含有有机物及建筑垃圾。

土方回填施工工序:土料准备和处理→基坑清理→基础隐蔽前共检和验收→分层虚土铺设→分层夯实→检查验收。

待基础模板拆除和各方对基础的混凝土外观等项目验收合格后方可开始施工。土方回填前将基坑底部的垃圾及杂物清理干净,四周土方分层回填夯实,每层高度为300mm,压实度不小于0.90,下层土的压实度经试验合格后方可进行上层土的回填。

8)收尾工作

地沟混凝土养护、土方回填完成后,覆盖条石箅子板,并对场地进行清理。

排水沟施工现场照片如图5.2-7所示。

(a)排水沟基础开挖　　　　(b)排水沟模板安装　　　　(c)排水沟混凝土浇筑

(d)排水沟拆模养护　　　　(e)排水沟效果

图 5.2-7　排水沟施工现场照片

第6章 危岩体稳定监测

6.1 监测目的

对危岩体加固后的效果进行长期监测,主要包括对危岩体的裂隙开展长期监测,对监测的变形量、变形趋势和变形规律进行分析,评价危岩体稳定性和加固工程实施效果,并提供后续工作的建议等。

6.2 监测内容

(1)岩体裂隙变形监测。岩体主控裂隙表面布置裂缝计,主要内容为裂隙宽度的监测,掌握裂隙宽度的变化,分析变形方位、变形速度及发展趋势等。

(3)岩体倾斜监测。通过对岩体的倾斜角度进行监测,了解岩体的变形发展趋势和稳定性的动态变化,确保岩体倾斜始终处于安全范围内,对游客安全和石刻没有显著影响。

6.3 监测系统构成

本次监测采用智能远程监测系统,系统构成如图6.3-1所示。

6.4 监测布置

主要监测点信息如表6.4-1所示,共计19个裂隙监测点和1个倾斜监测点。

表6.4-1 主要监测点信息一览表

序号	监测点名称	监测点数量	仪器名称	仪器数量	说明
1	岩体裂隙变形	19	VWD-20型电阻式裂缝计	19	监测19处裂隙
2	岩体倾斜	1	ELT-15型倾斜仪	1	岩体倾斜角度监测

图 6.3-1 智能远程监测系统

6.5 监测成果分析

6.5.1 岩体倾角

如图 6.5-1 所示为 2021—2024 年岩体倾角的变化情况,可以明显地看到有数次上下起伏的情况出现,但对 2024 年终和 2021 年初的倾斜角进行比较发现,岩体整体基本没有变化,表明岩体没有发生倾斜变形,处于稳定状态。

6.5.2 岩体裂隙变形

测点 1 在 2021—2024 年的裂隙宽度变化情况如图 6.5-2 所示,最大值 2.99mm,最小值 1.98mm,整体趋于稳定。这表明加固后的岩体裂隙没有发展,岩体处于稳定状态。

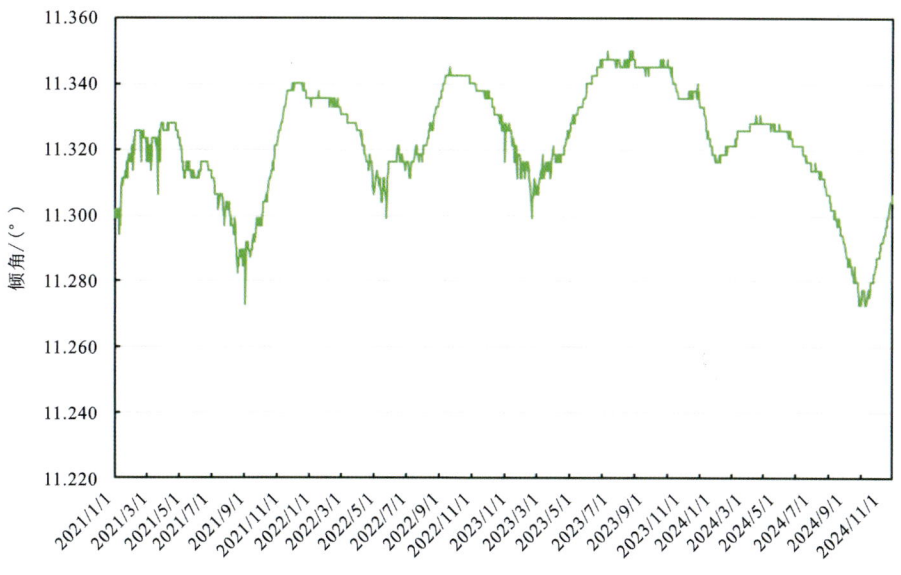

图 6.5-1 2021—2024 年岩体倾角变化

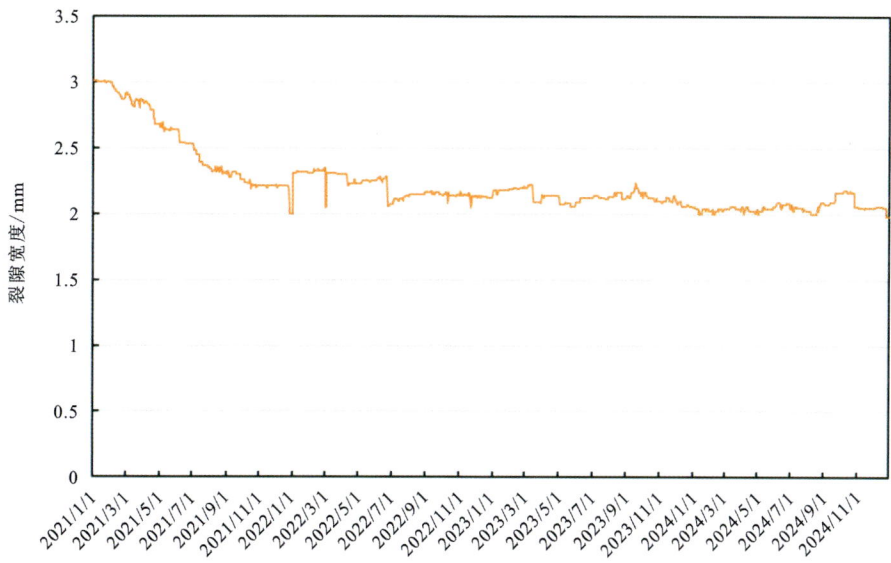

图 6.5-2 测点 1 2021—2024 年裂隙宽度变化曲线

第7章 施工组织与管理

7.1 施工质量控制措施

（1）质量为本，狠抓管理，高标准、严要求，用工作质量促进工程质量，科学管理、精心施工，为企业赢得良好的社会信誉和经济效益，为业主提供满意产品和服务。

（2）以专业的文物保护工程项目管理人员和技术人员为支撑，充分发挥团队协作能力。全面推行科学化、标准化、程序化、制度化管理，以一流的管理、一流的技术、一流的施工和一流的服务以及严谨的工作作风，精心组织、精心施工，实现质量目标。

（3）建立完善质量保证体系，由施工公司宏观控制，项目经理领导，总工程师策划，技术员组织实施，质检人员中间控制。

（4）制定全面的培训制度，强化作业人员质量意识，通过培训提高各类管理人员与施工人员的质量意识，并贯穿到实际工作中去，确保项目的顺利实现。

（5）施工阶段工程原材料的选择，材料加工和供应商的确定，原材料及加工成品的采用，以产品质量优良、材料价格合理、施工成品质量优良为标准。同时建立材料分供方的档案库，并对其进行考核评价，从中选定信誉最好的材料供方。材料、半成品及成品进场按规范、图纸、材料原状和施工要求严格检验，不合格的立即退货。

（6）严格控制施工工艺和工序，由专门质检人员检验合格后，才可进入下一道工序。

（7）建设单位聘请专业、富有经验的专家团队，对重要节点进行现场检查、论证，为项目实施提出指导意见。

7.2 安全生产及文明施工措施

（1）设置安全管理领导小组作为安全管理领导机构，项目经理为第一安全责任人。安全管理领导小组全面负责安全保证体系的持续有效运行。配置专职安全工程师和专职安全巡检员，负责本工程安全生产措施的制定、落实，并指导、检查、监督和处理事故。

（2）建立以安全生产责任制为核心的各级人员安全生产责任制和管理办法；建立有效的安全教育和安全技术制度；树立"安全第一，预防为主"的安全意识；做好日常安全措施的编制和落实工作；项目施工过程中，自始至终地贯穿安全教育工作。

（3）强化人员安全文明施工意识，对文物保护、安全生产法律、法规、规章、方针、政策等进行培训，并定期进行考核。

（4）施工现场设置明显的警示标志，进入现场必须佩戴安全防护设施。禁止游客等非工程人员进入施工现场。

（5）定期检查各施工组施工场地的工作环境、安全设施、设备仪器的安全状况。对员工在工作场所合理、正确使用安全防护用品进行指导和监督。对发现的隐患及时做好登记并派专人在规定期限内进行整改。

（6）分段进行施工，最大限度降低施工对景区运行的影响，采用封闭施工管理方式。

（7）对现场临时用电设备设施定期进行检查、保养，专职电工发现问题及时进行处理。

（8）探坑开挖段做好临边防护措施，如有必要搭设临时通道供游客行走，避免施工影响景区运行。

7.3　文物保护措施

此工程涉及国家文物的安全，要求施工人员具有文物保护意识，并在工程实施前制定相应保护措施。

（1）项目经理部明确各个岗位的职责和权限，建立并保持一套工作程序，对所有参与工作的人员进行相应的文物保护培训。

（2）工地设专门文保员（可兼职），建立以项目经理为首的文物保护小组，会同建设单位、监理单位和文物部门对文物进行定期检查，负责现场的日常文物保护管理工作，并且有完备的文字记录，记录当日工作情况、发现的问题以及处理结果等。

（3）在施工的过程中用苫布或塑料布对岩壁石刻进行覆盖，必要时加围挡，外侧再用苫布或塑料布包严，以防磕碰、防尘；根据天气预报情况及时做好防雨工作，以免石刻因施工遭受雨水冲刷。对石刻的保护，既要做到保护本体，又要做到保持石刻原有环境不变。

（4）灌浆施工前仔细排查石刻整体各个出水点，在出水点及裂隙周边铺设保鲜膜，对于比较大的裂隙采用不污染材料封堵。

（5）灌浆施工前，安排专职人员准备清水、棉丝。灌浆施工时，观察人员配备对讲机，与灌浆作业组无缝对接，随时关注各个可能漏浆的点位，一旦出现漏浆情况，立即通知灌浆组停止灌浆，按照编制的处理措施对漏浆点进行处理。

7.4　环境保护措施

工程在国家景区的核心区域实施，对环境保护要求十分严格，施工的同时要时刻保证现场的卫生整洁，为此，项目部制定了全面的保证措施。

（1）组织项目组全体人员学习《中华人民共和国环境保护法》《中华人民共和国水污染防

治法》《中华人民共和国大气污染防治法》《中华人民共和国噪声污染防治法》及与环境保护有关的一系列国家及地方颁布的环境保护法律、法规、条例和制度,并要求严格遵守。加强对职工的环保教育,提高职工的环保意识,做好施工区环境保护工作。

(2)为保护施工区和办公区的环境卫生,达到环境保护的要求,将施工垃圾、办公垃圾及生活垃圾堆放到业主指定地点。组织人员对施工区和办公区及时进行打扫。严格按照施工总平面图在指定区域完成指定工作,施工现场做到整齐、有序、清洁。

(3)进入现场的材料、设备必须有序置放,防止任意堆放器材、杂物阻塞工作场地周围的通道,破坏环境。做到工完料清。

(4)施工产生的废水、废浆必须经过沉淀处理后再进行排放。加强对现场存放油品和化学品的管理,对存放油品和化学品的库房进行防渗漏处理,在储存和使用中,采取有效措施,防止油料跑、冒、滴、漏而污染水体。

第 8 章　工程总结

（1）工程在勘察阶段，进行了深入、详细、科学的地质水文勘察，查明三游洞摩崖危岩体的破坏类型、规模、分布范围和填充物，分析病害成因，评估危岩体的稳定性。同时，查明渗水来源及特征，评估渗水对石刻的危害程度，为确定加固范围、制定具体工程措施提供了科学依据。

（2）加固工程采用多技术协同应用，危岩体治理综合采用锚固、支顶、被动防护网等主动与被动结合的手段，水害治理采用防渗毯、排水沟、裂隙灌浆、龛檐等以排为主、排堵结合的治理方法，设计联合采用多种技术手段，保证了治理效果。

（3）坚持动态设计，根据施工反馈调整设计方案，使方案更加符合现场实际情况。

（4）施工中始终将文物安全放在第一位，施工前采取多种预防性保护措施，确保文物的安全。

（5）工程遵循"不改变文物原状""最小干预"的原则，最大限度地保护文物及其历史环境的真实性和完整性，工程实施后，整体工程效果良好。危岩体卸荷裂隙填充密实，岩体完整、稳定、加固效果良好，表面做旧效果良好，与周边环境协调一致。主洞及石刻表面水渍减少，挡水檐挡水效果良好。锚索处锚墩内嵌，表面做旧效果良好，与周边环境协调一致。被动防护网安装位置合适，拦截危岩效果良好，防护网美化工程效果良好。山顶防渗区地面复绿植被生长态势良好、外观良好，团路外观良好。

附录 A 竣工图纸

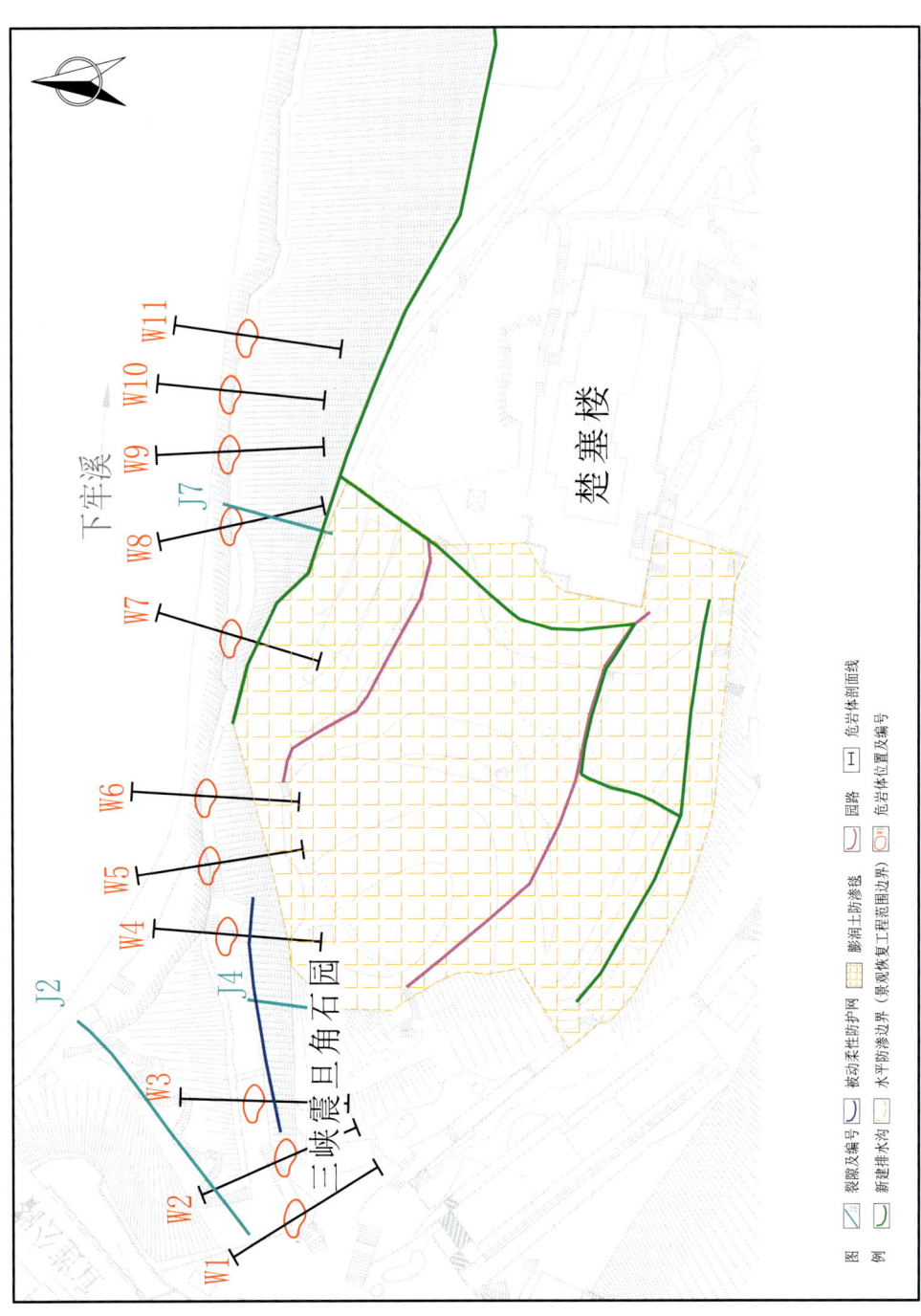

图 A.1 工程措施平面布置总图

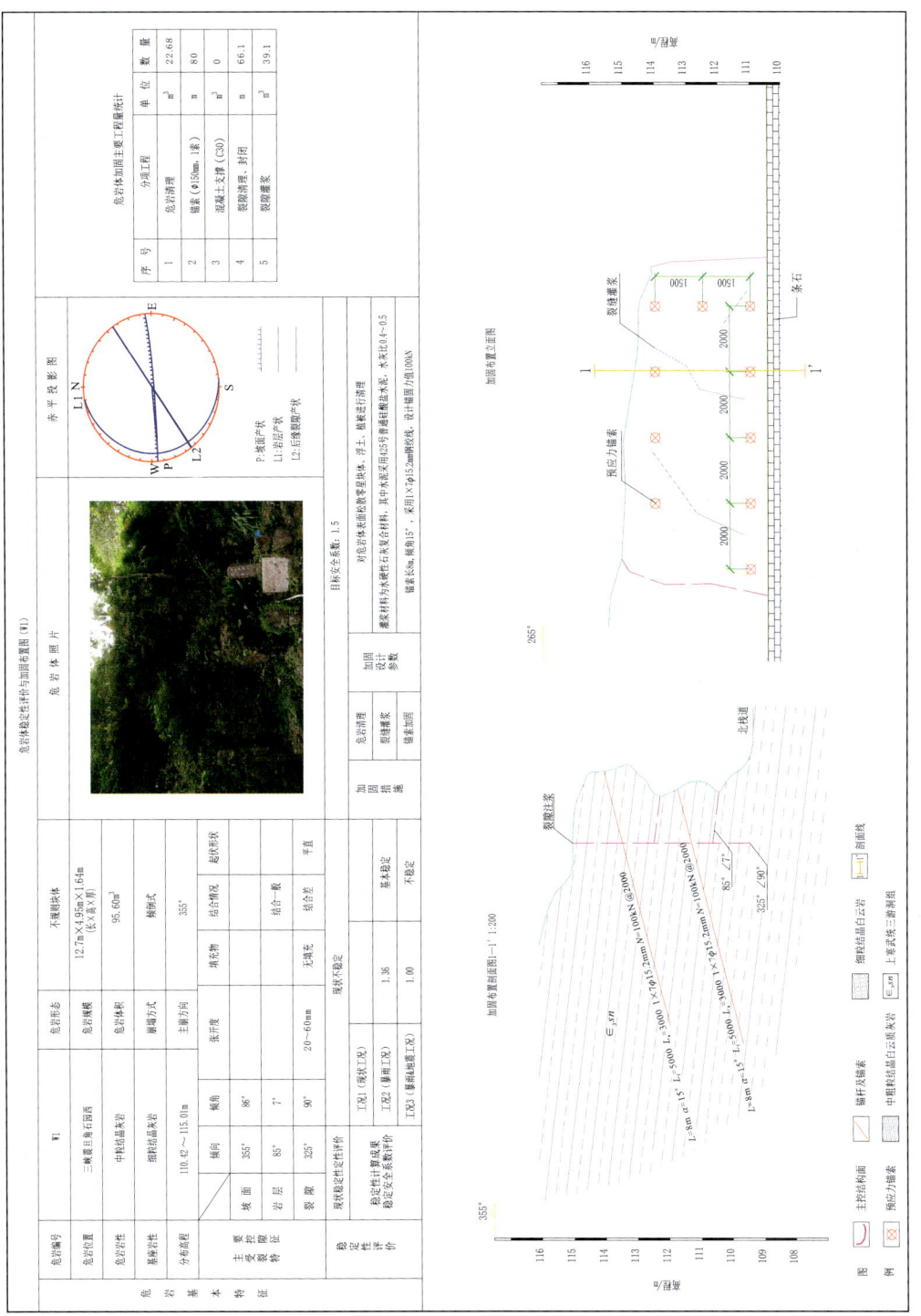

图A.2 危岩体稳定性评价与加固布置图（W1）

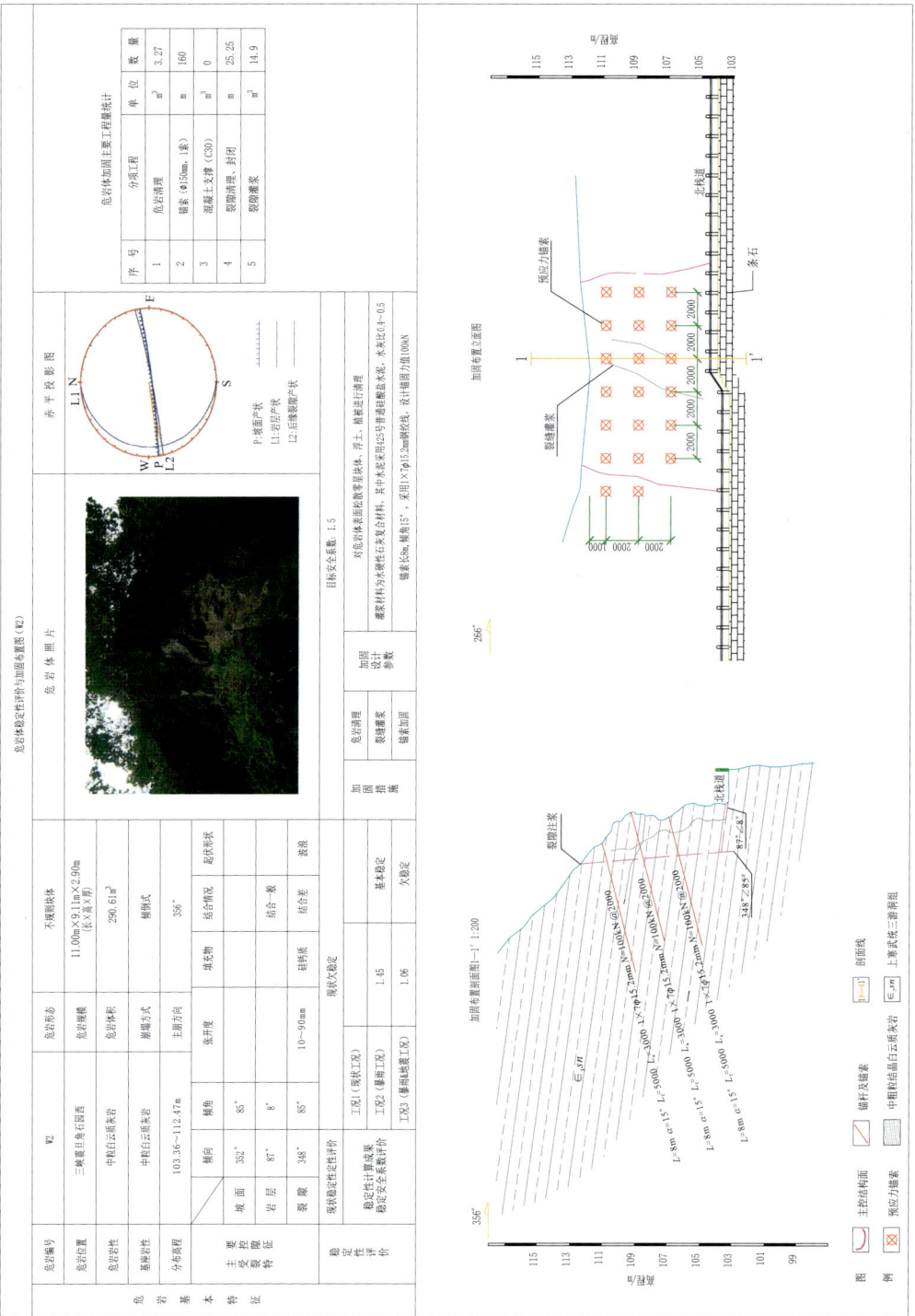

图A.3 危岩体稳定性评价与加固布置图（W2）

附录 A 竣工图纸

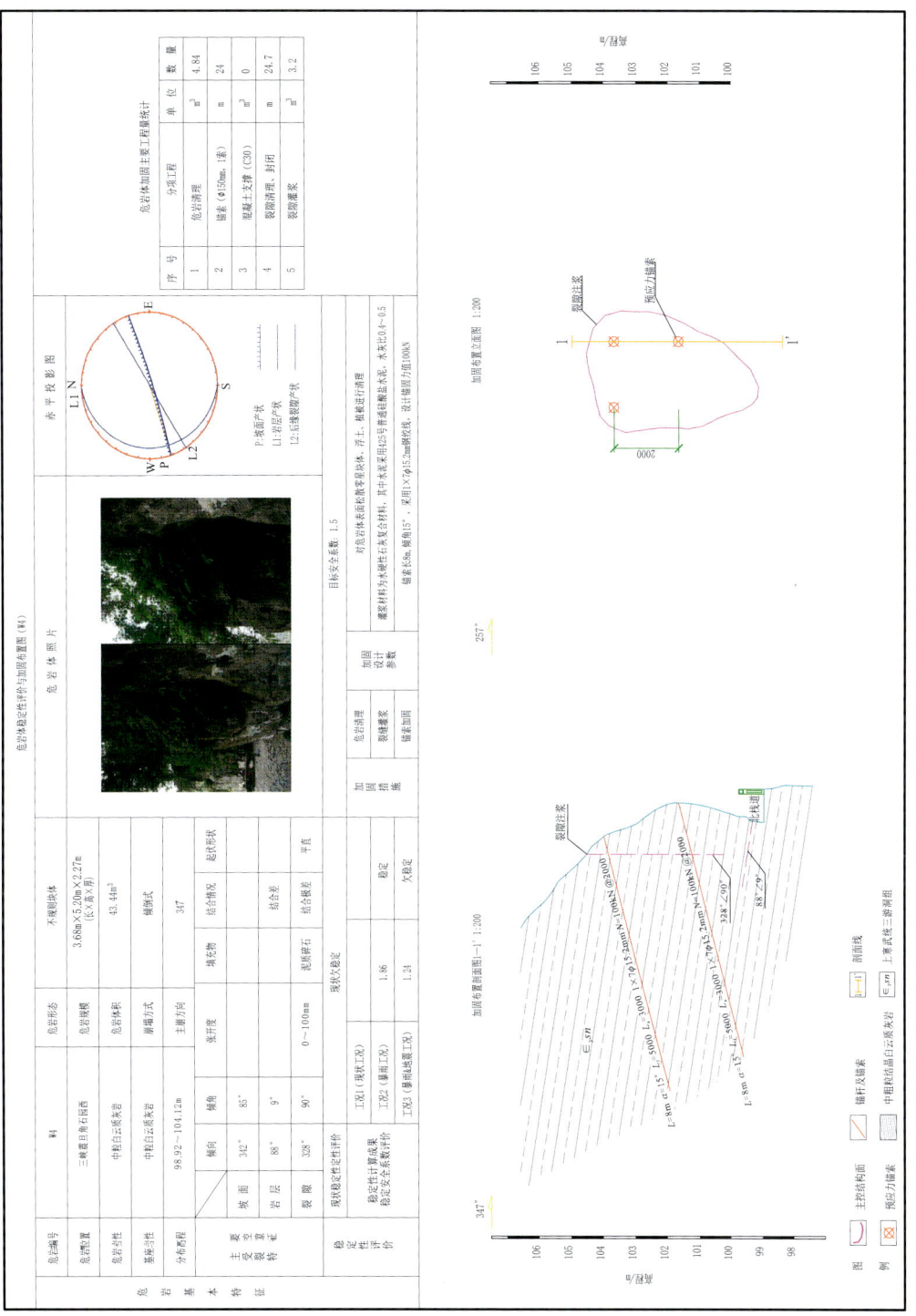

图 A.4 危岩体稳定性评价与加固布置图（W4）

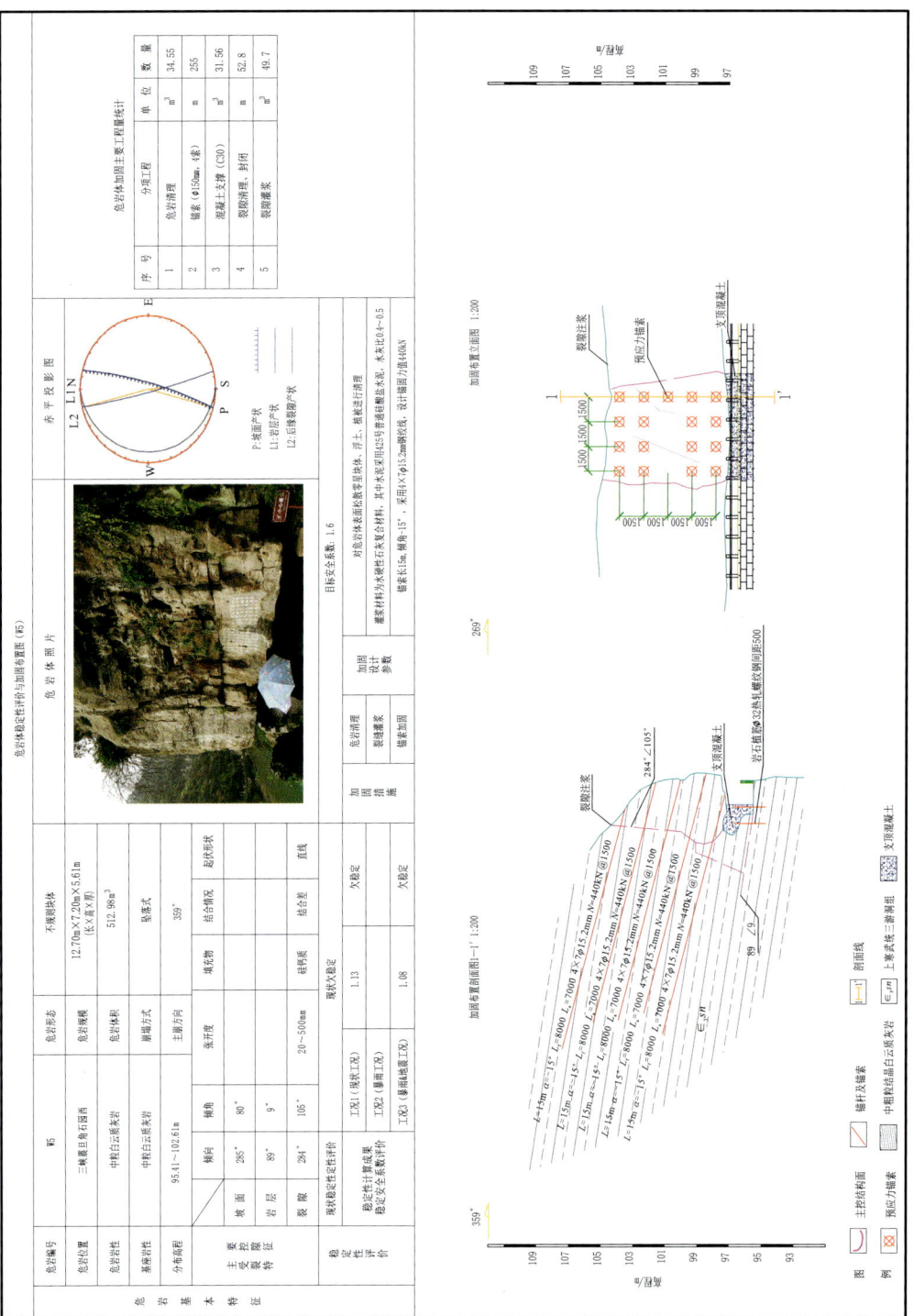

图A.5 危岩体稳定性评价与加固布置图（W5）

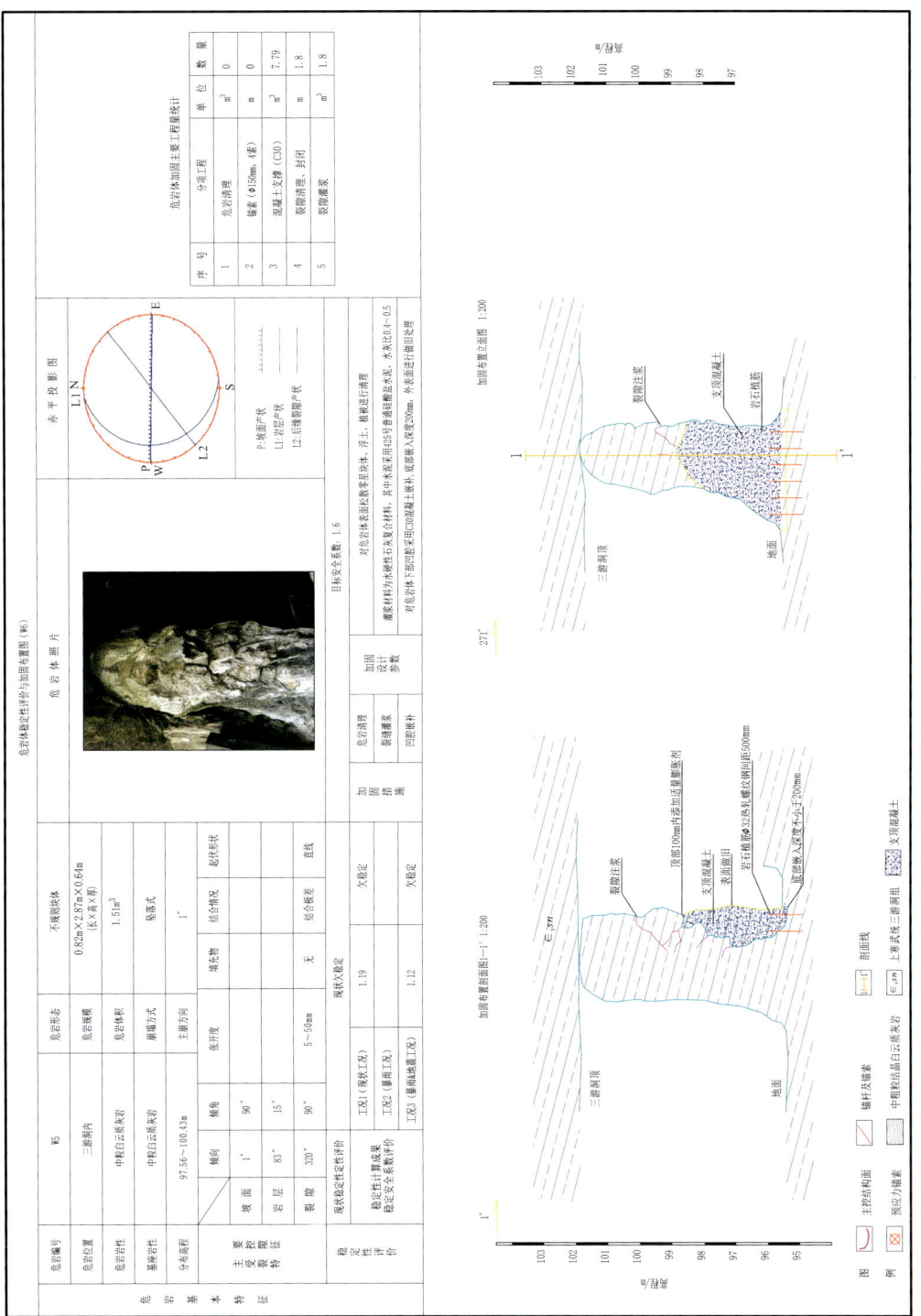

图A.6 危岩体稳定性评价与加固布置图（W6）

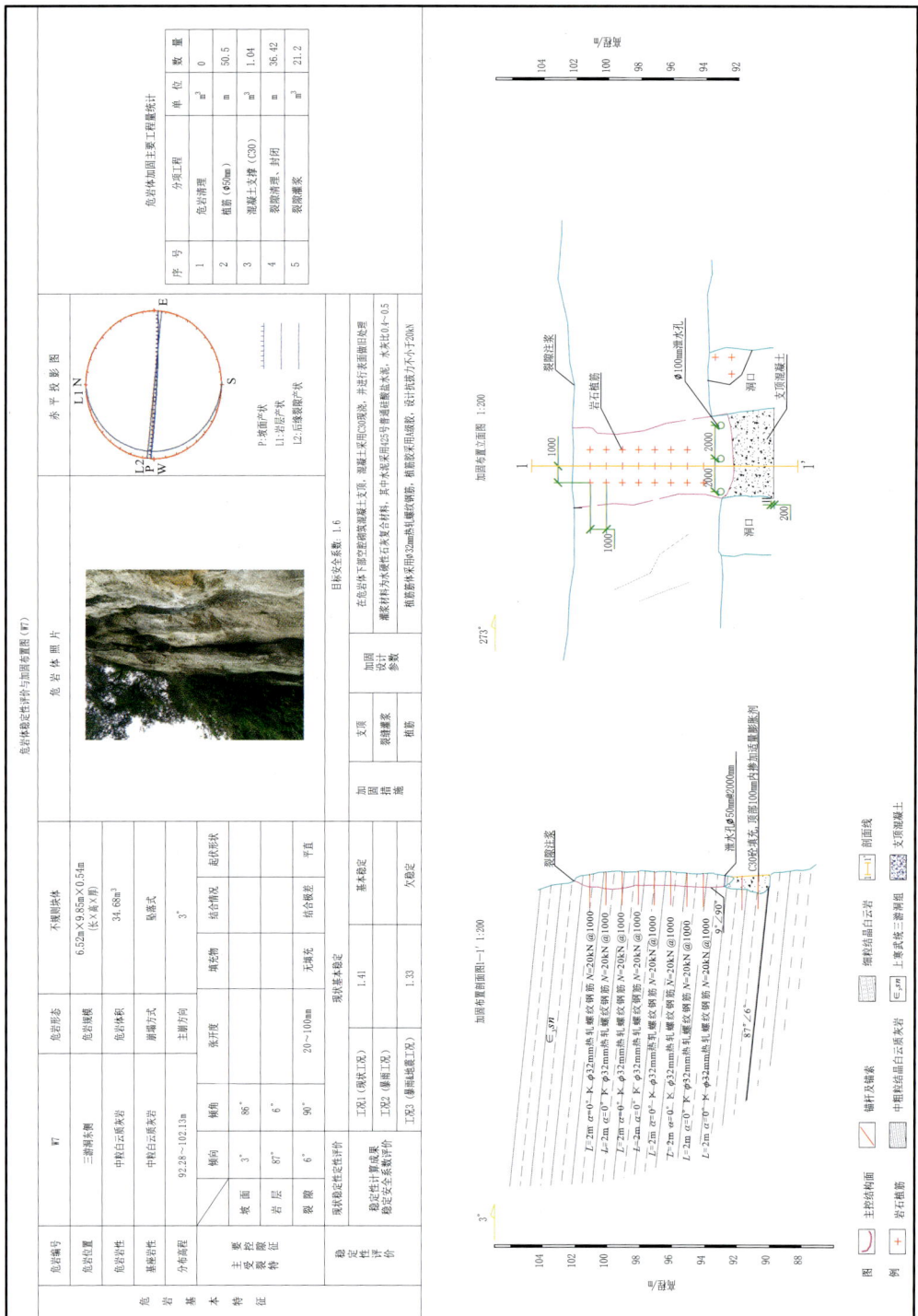

图A.7 危岩体稳定性评价与加固布置图（W7）

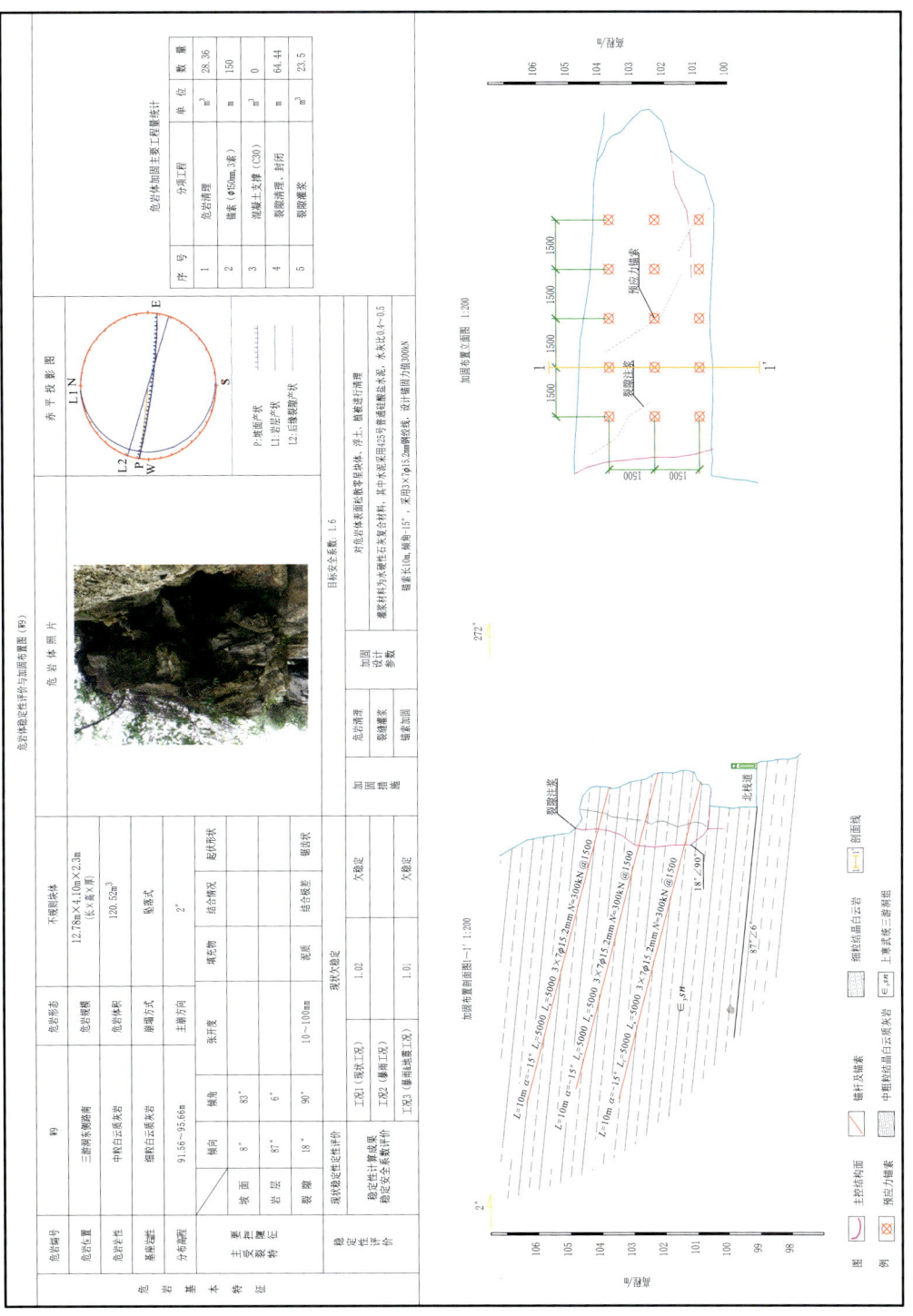

图A.8 危岩体稳定性评价与加固布置图（W9）

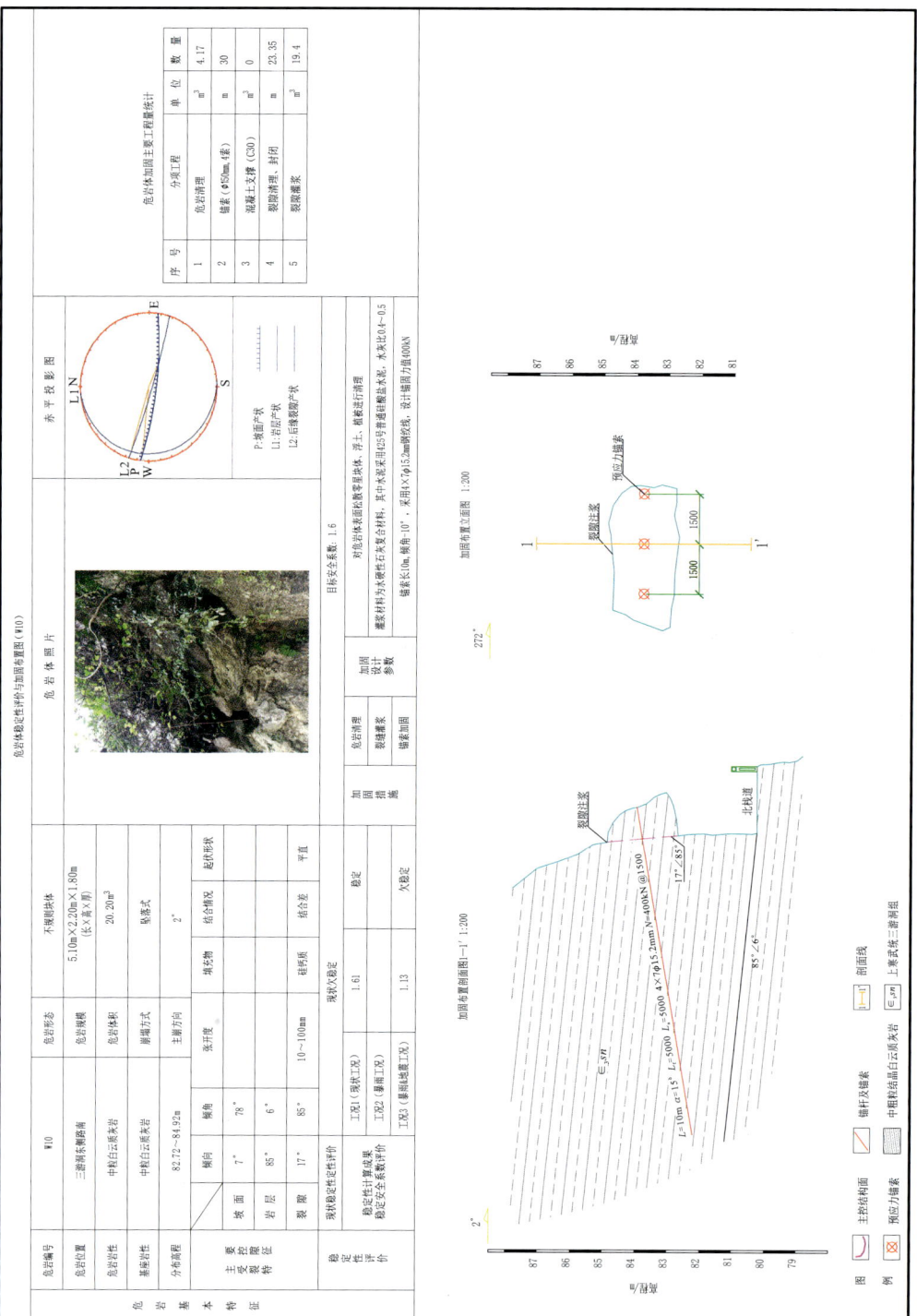

图 A.9 危岩体稳定性评价与加固布置图（W10）

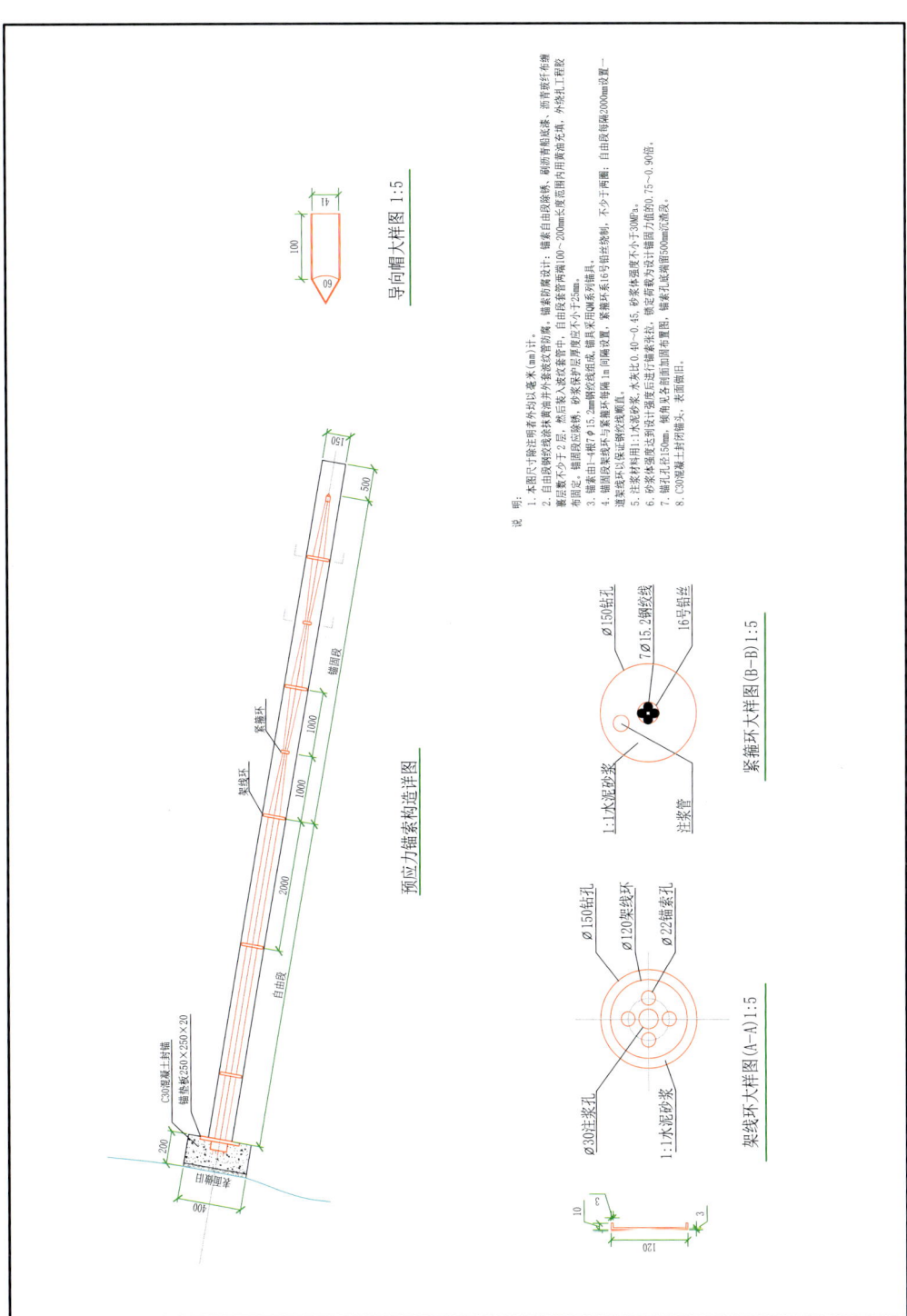

图A.10 预应力锚索构造详图

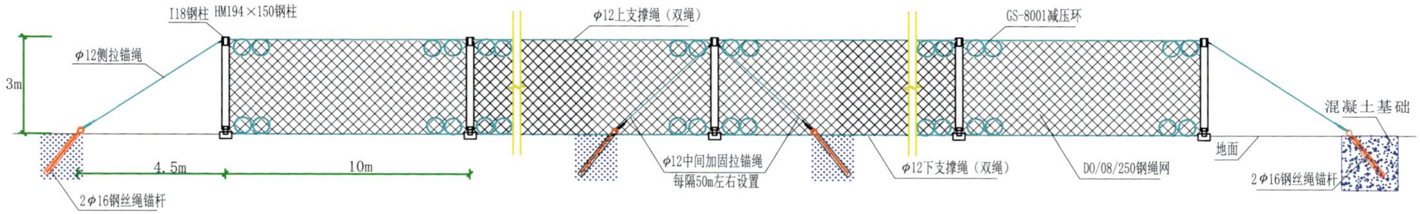

系统立面图

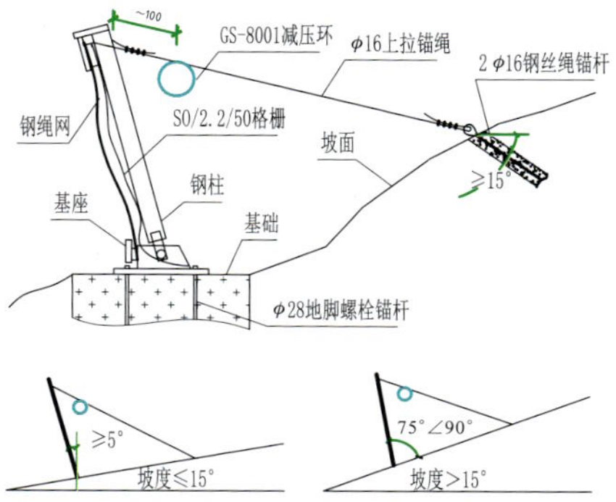

系统横断面图

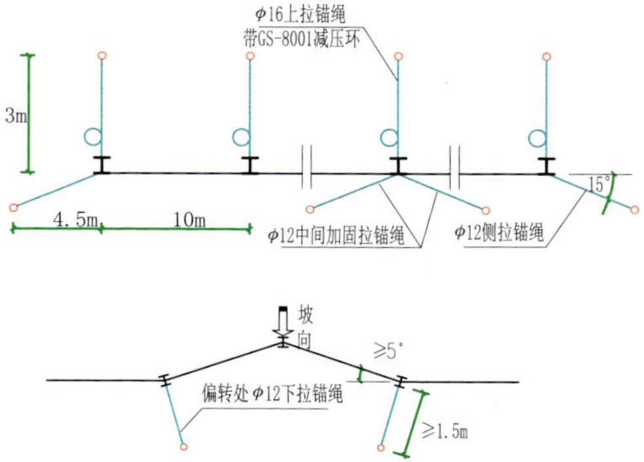

系统平面图

说明：

1.图中尺寸单位毫米(mm)。

2.被动防护网选型为RXI-200型，构件包括环形网、钢丝格栅、钢柱、支撑绳、拉锚系统、缝合绳、减压环等.

3.环形网：型号R7/3/300/5×3，即直径3mm钢丝、盘结7圈，按网孔内切圆直径300mm编织成的长5m、宽3m的环形网。

4.高强度钢丝格栅：型号TC/3/50/5×3，即直径为3mm钢丝，按网孔内切圆直径50mm编织成的长5m、宽3m的高强度钢丝格栅；钢丝不用有明显机械损伤和锈蚀现象，高强度钢丝格栅端头至少扭结一次，扭结处不得有裂纹。

5.拉锚系统：

(1)钢丝绳锚杆：侧拉锚杆型号M16×3，即由直径12mm钢丝绳制作长3m的双股钢丝绳锚杆；上拉锚杆、下拉锚杆、中间加固锚杆的型号均为M16×2，即由直径16mm钢丝绳制作长2m的双股钢丝绳锚杆。

(2)上拉锚绳，φ16单绳，“人”字形布置，每根1个减压环；侧拉锚绳，φ12双绳；下拉、中间加固拉锚绳，φ12单绳；上/下支撑绳：φ12双绳，每跨每根各2个带减压环，每跨减压环平均数为8个；缝合绳：φ8单绳；

(6)减压环：型号GS-8001。

6.钢柱构件：钢柱、基座、钢柱连接件、地脚螺栓锚杆和防倾倒螺杆及连接用螺栓配件。

(1)钢柱：型号GZ-20-3，即由20号工字钢制作高度为3m的钢柱，表面涂刷防锈漆。

(2)地脚螺栓锚杆：型号D28-M28×50，即由直径28mm螺纹钢筋制作，螺杆直径28mm、螺杆长度为50mm的地脚螺栓。

(3)防倾倒螺杆：型号Q28-M28×50，即由直径28mm光圆钢筋制作，螺杆直径28mm、螺杆长度为50mm的螺栓。

(4)基座：GS-7001型基座；连接件：GS-7005型连接件。

7.RXI-200型柔性被动防护网各构件的质量符合相关规范、标准及试验方法的要求。

图A.11　被动防护网系统设计图

附录 A 竣工图纸

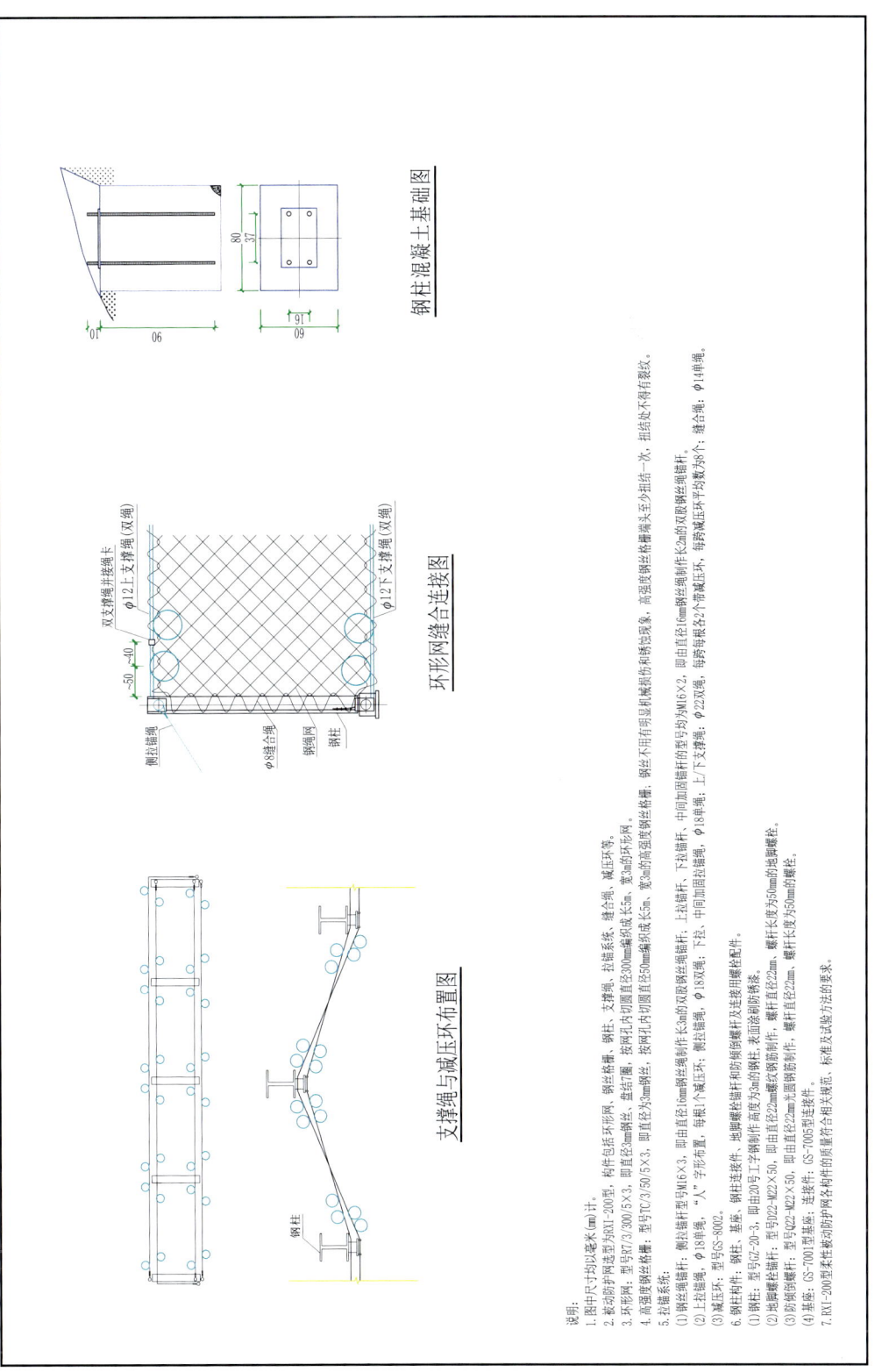

图 A.12 被动防护网系统节点图

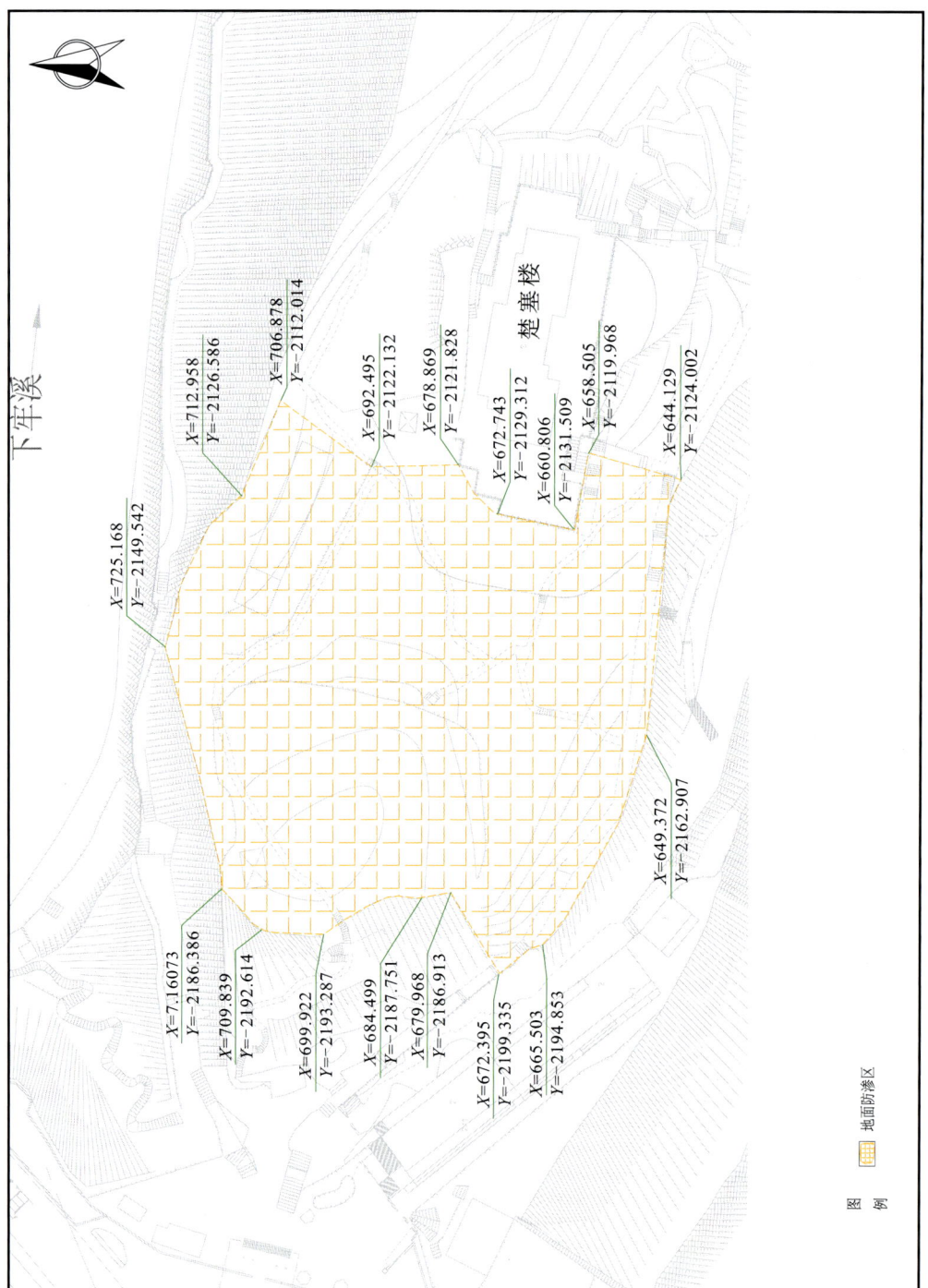

图A.13 地面防渗区分布范围平面图

附录 A 竣工图纸

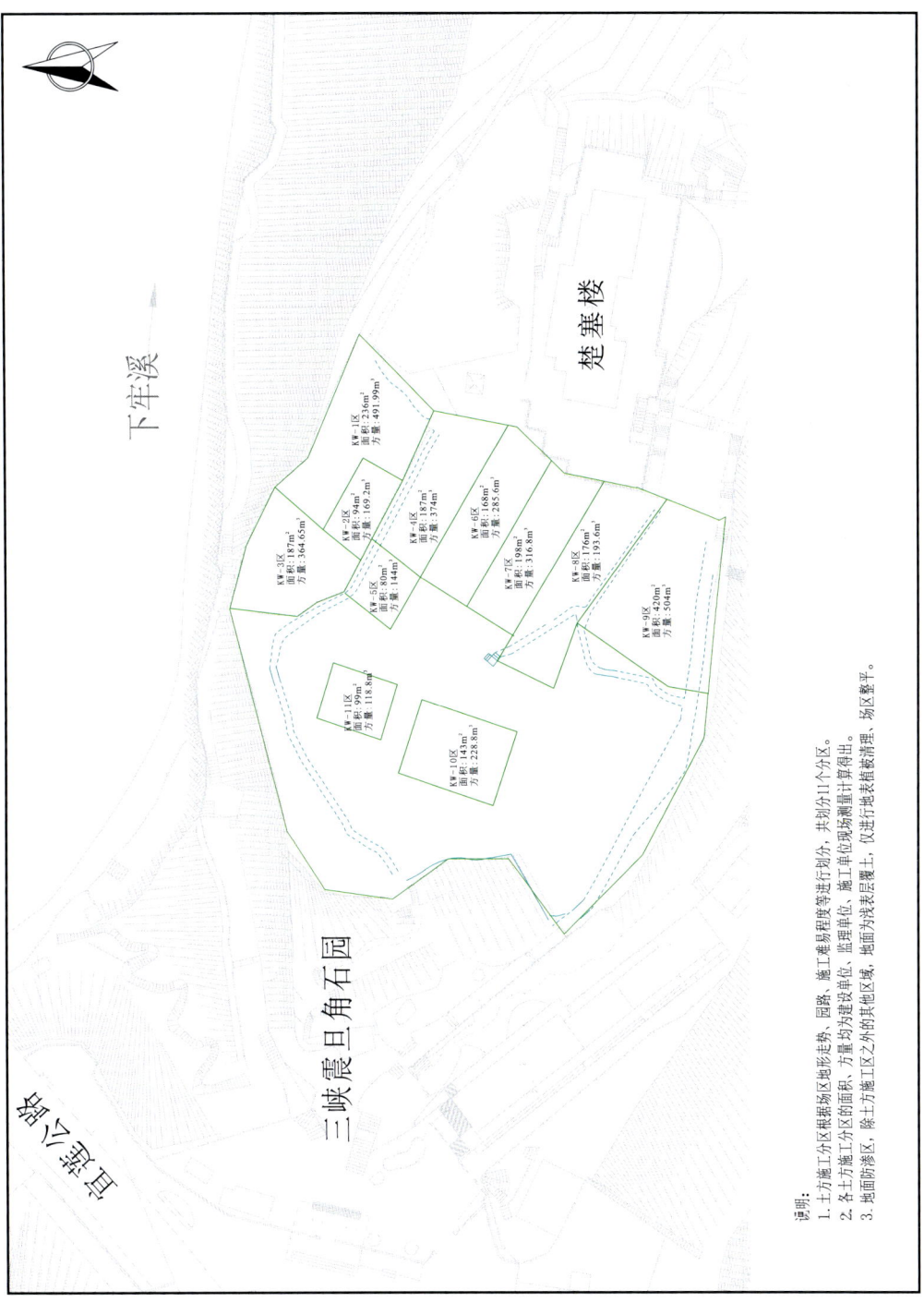

图 A.14 地面防渗区土方施工分区平面布置图

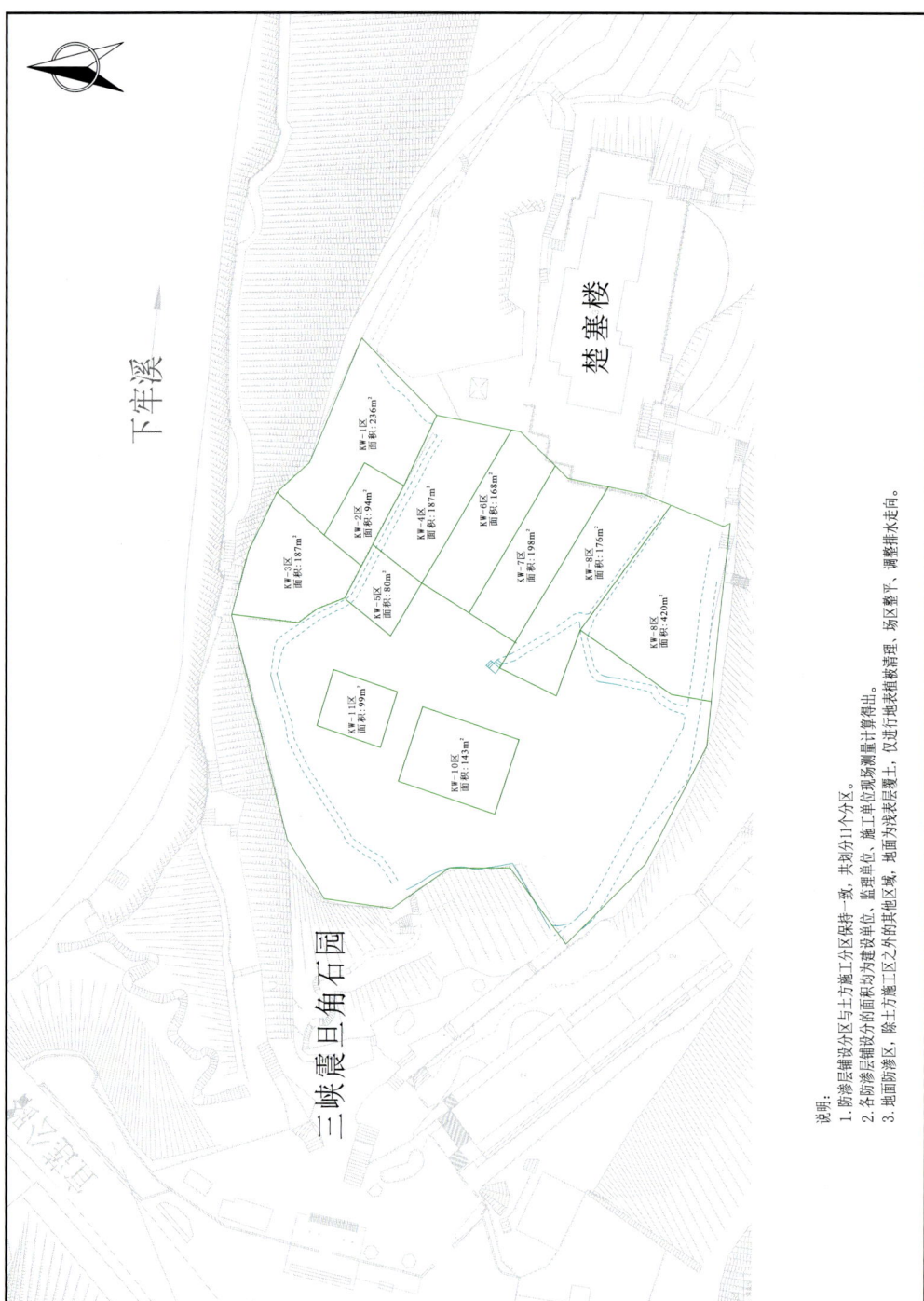

图A.15 地面防渗区防渗层铺设分区平面布置图

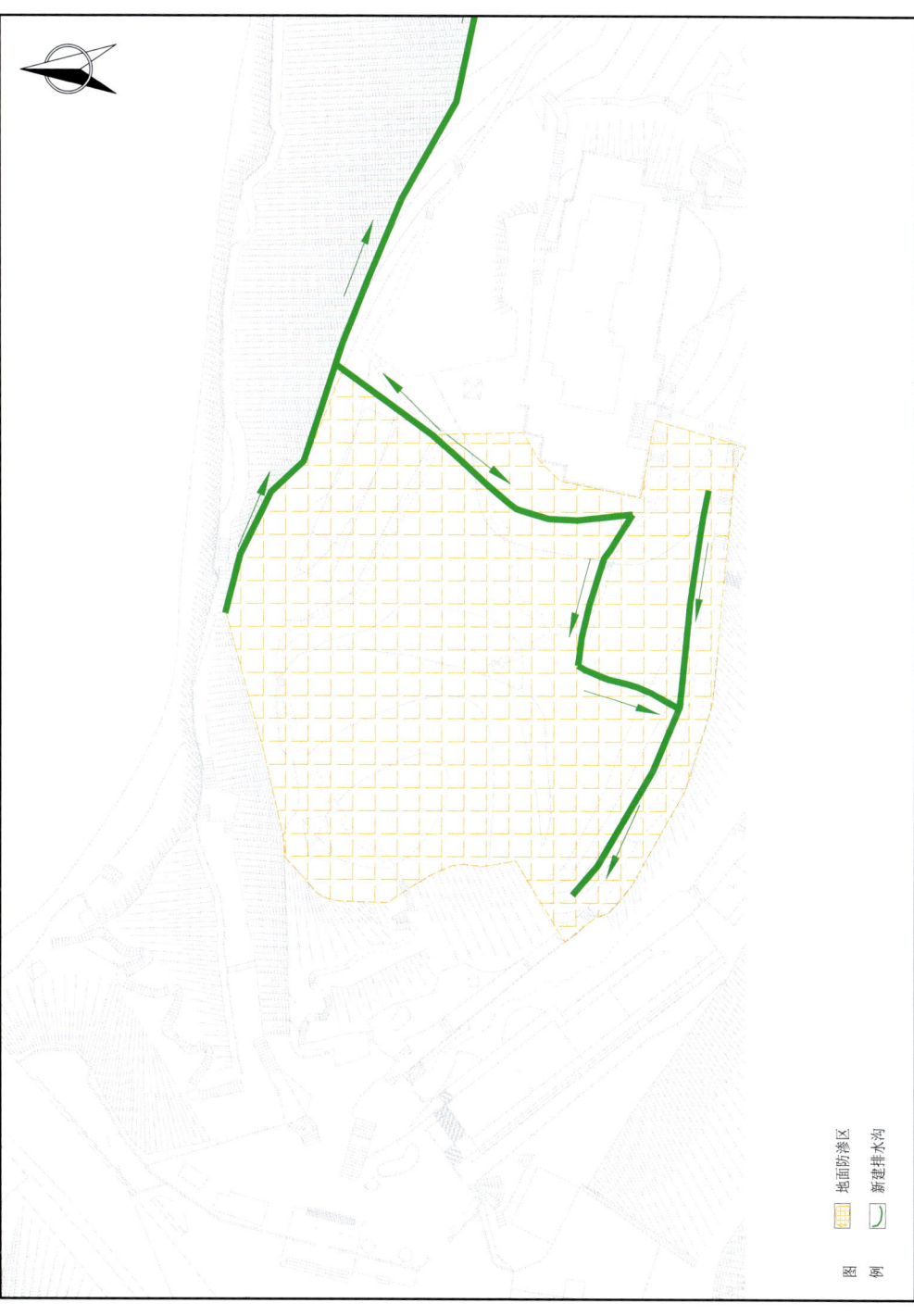

图A.16 地面防渗区截排水沟平面布置图

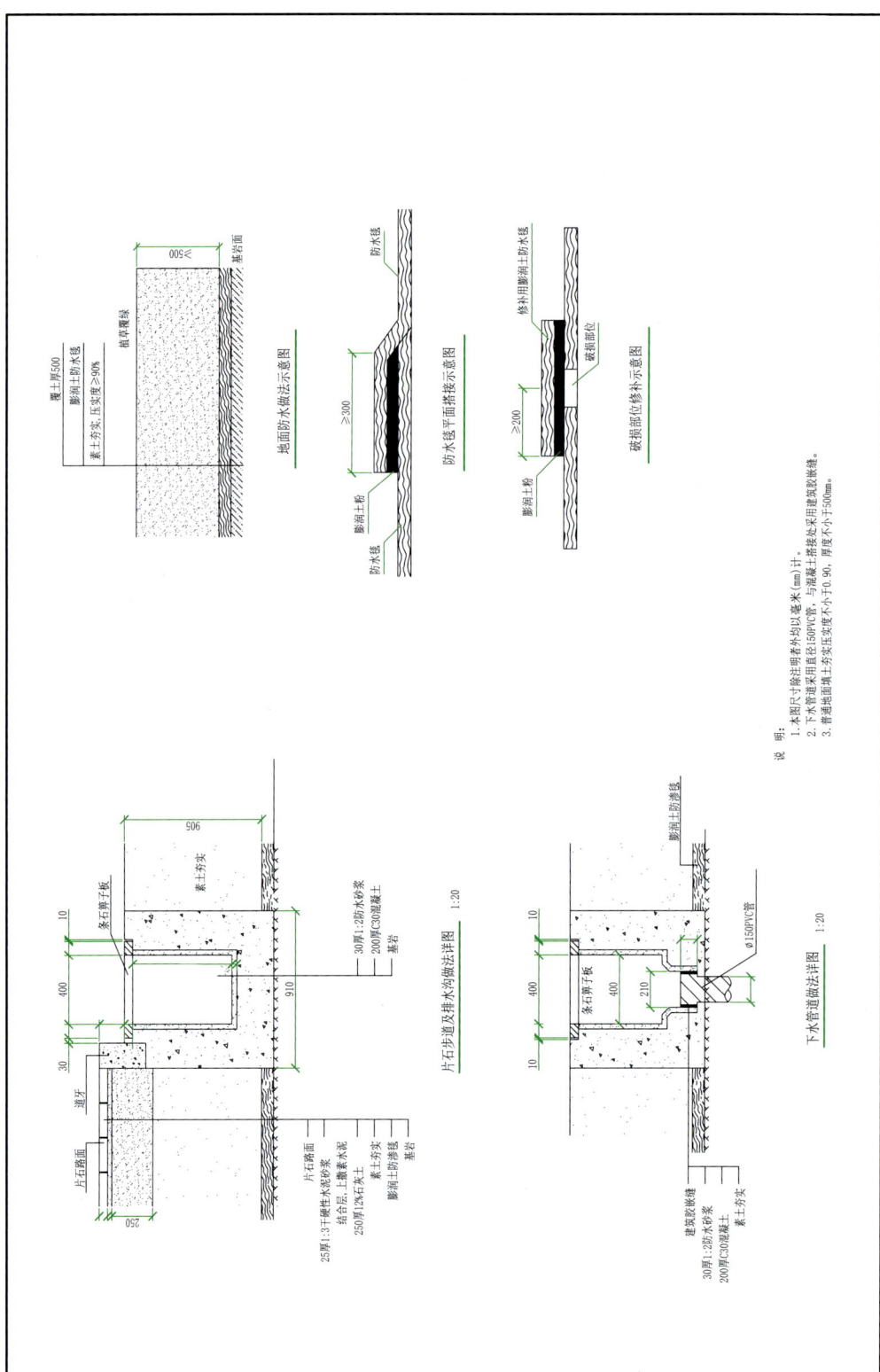

图A.17 截排水沟、防渗层做法详图

附录 A 竣工图纸

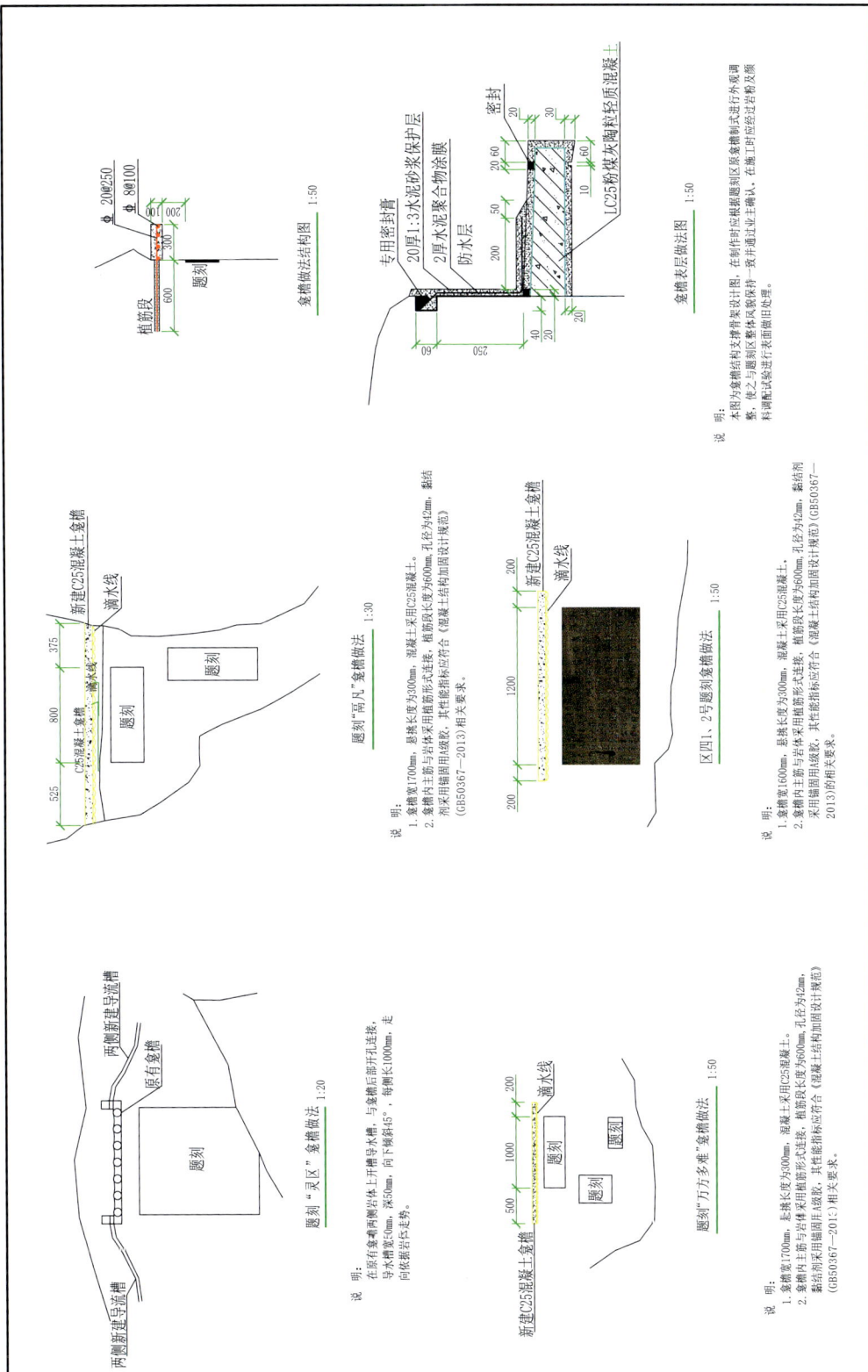

图 A.18 龛檐安装做法图

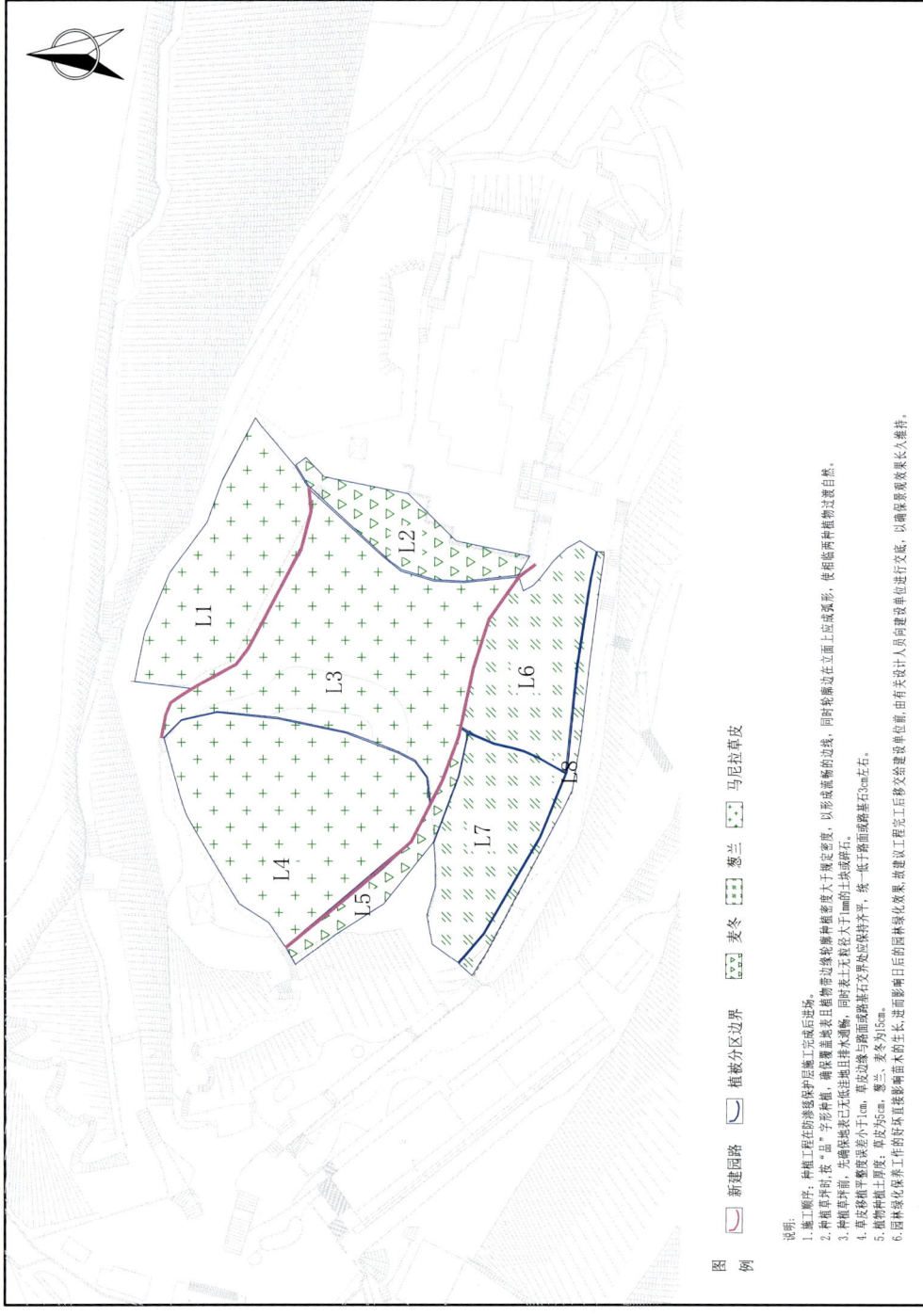

图A.19 山顶景观恢复工程平面布置图

附录 A 竣工图纸

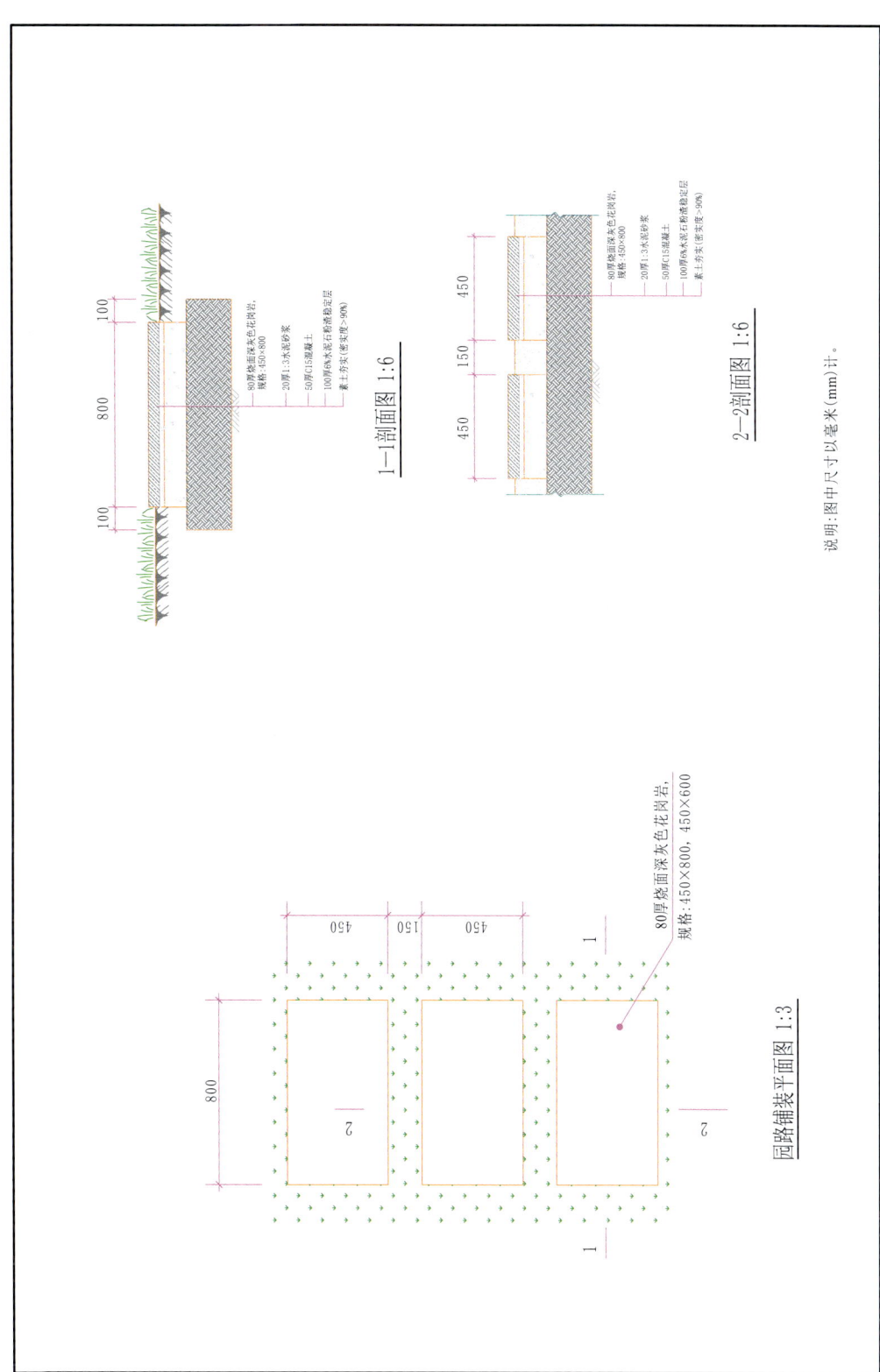

图 A.20 园路铺装大样图

附录 B 三游洞摩崖题刻抢险加固工程项目施工过程照片集

B.1 危岩体加固工程

B.1.1 W1 危岩体

W1 危岩体原现状照片

W1 危岩体危岩和浮土碎石现状照片

W1 危岩体危岩和浮土碎石清理照片（一）

W1 危岩体危岩和浮土碎石清理照片（二）

W1 危岩体危岩和浮土碎石清理照片(三)

W1 危岩体碎裂危岩和浮土碎石装袋照片(一)

W1 危岩体碎裂危岩和浮土碎石装袋照片(二)

W1 危岩体碎裂危岩和浮土碎石装袋照片(三)

W1 危岩体碎裂危岩和浮土碎石清理后照片(一)

W1 危岩体碎裂危岩和浮土碎石清理后照片(二)

W1 危岩体浮土清理后现场冲洗照片(一)

W1 危岩体浮土清理后现场冲洗照片(二)

W1 危岩体浮土清理后现场冲洗照片(三)

W1 危岩体钻孔照片

W1 危岩体锚索施工照片(一)

附录 B　三游洞摩崖抢险加固工程项目施工过程照片集

W1 危岩体锚索施工照片（二）

W1 危岩体锚索施工照片（三）

W1 危岩体锚索施工照片（四）

W1 危岩体锚索施工照片（五）

W1 危岩体完工后照片（一）

W1 危岩体完工后照片（二）

W1 危岩体原状照片

B.1.2　W2、W3 危岩体

W2、W3 危岩体杂乱植被清理测量照片

W2 危岩体锚索施工照片（一）

附录 B　三游洞摩崖抢险加固工程项目施工过程照片集

W2 危岩体锚索施工照片（二）

W2 危岩体锚索施工照片（三）

W2 危岩体锚索施工照片（四）

W2 危岩体岩面清理照片

W2 危岩体原状照片

W3 危岩体原状照片

137

W2、W3 危岩体完工后照片

B.1.3　W4 危岩体

W4 危岩体原状照片

W4 危岩体脚手架搭设照片

W4 危岩体及邻近裂隙清理、浮土碎石清理照片(一)

W4 危岩体及邻近裂隙清理、浮土碎石清理照片(二)

附录 B　三游洞摩崖抢险加固工程项目施工过程照片集

W4 危岩体及邻近裂隙清理、浮土碎石清理照片（三）

W4 危岩体完工后照片（一）

W4 危岩体完工后照片（二）

139

B.1.4　W5危岩体

W5危岩体原状照片

W5危岩体悬挑脚手架搭设施工照片（一）

W5危岩体悬挑脚手架搭设施工照片（二）

W5危岩体悬挑脚手架搭设施工照片（三）

W5危岩体悬挑脚手架搭设施工照片（四）

W5危岩体悬挑脚手架搭设施工照片（五）

附录 B　三游洞摩崖抢险加固工程项目施工过程照片集

W5 危岩体悬挑脚手架搭设施工照片（六）

W5 危岩体悬挑脚手架搭设完成照片

W5 危岩体浮土碎石清理照片（一）

W5 危岩体浮土碎石清理照片（二）

W5 危岩体浮土碎石清理照片(三)

W5 危岩体浮土碎石清理照片(四)

W5 危岩体裂隙清理照片

W5 危岩体主洞内裂隙清理封闭照片

附录 B 三游洞摩崖抢险加固工程项目施工过程照片集

W5 危岩体施工照片(一)

W5 危岩体施工照片(二)

W5 危岩体施工照片(三)

W5 危岩体施工照片(四)

W5 危岩体施工照片(五)

W5 危岩体施工照片（六）

W5 危岩体施工照片（七）

W5 危岩体施工照片（八）

W5 危岩体施工照片（九）

W5 危岩体悬挑脚手架拆除施工照片（一）

W5 危岩体悬挑脚手架拆除施工照片（二）

W5 危岩体悬挑脚手架拆除施工照片(三)

W5 危岩体悬挑脚手架拆除施工照片(四)

W5 危岩体支顶混凝土施工照片(一)

W5 危岩体支顶混凝土施工照片(二)

W5 危岩体支顶混凝土施工照片（三）

W5 危岩体支顶混凝土施工照片（四）

W5 危岩体支顶混凝土施工照片（五）

W5 危岩体支顶混凝土作旧施工照片（一）

W5 危岩体支顶混凝土作旧施工照片（二）

W5 危岩体支顶混凝土作旧施工照片（三）

W5 危岩体支顶混凝土作旧施工照片(四)

W5 危岩体支顶混凝土作旧施工照片(五)

W5 危岩体完工后照片(一)

W5 危岩体完工后照片(二)

B.1.5 W6 危岩体

W6 危岩体原状照片

W6 危岩体基槽开挖照片

W6 危岩体支顶混凝土施工照片（一）

W6 危岩体支顶混凝土施工照片（二）

W6 危岩体支顶混凝土拆模后照片

附录 B 三游洞摩崖抢险加固工程项目施工过程照片集

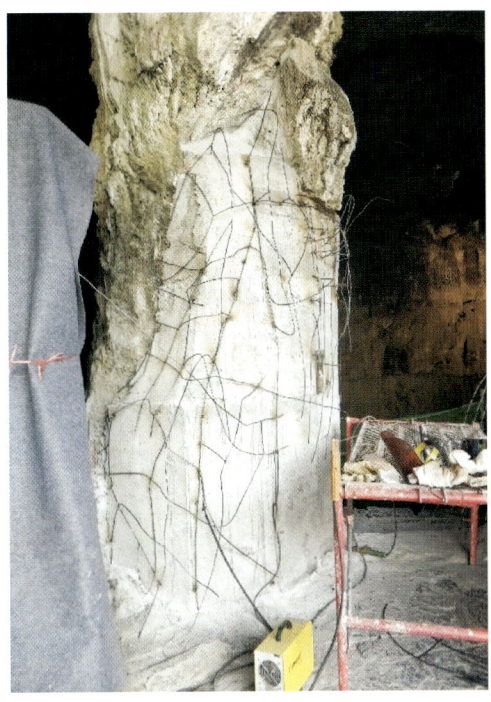

W6 危岩体支顶混凝土作旧施工照片（一）

W6 危岩体支顶混凝土作旧施工照片（二）

W6 危岩体支顶混凝土作旧施工照片（三）

W6 危岩体支顶混凝土作旧施工照片（四）

W6 危岩体支顶混凝土作旧施工照片（五）

W6 危岩体支顶混凝土作旧施工照片（六）

W6 危岩体支顶混凝土完工后照片（一）

W6 危岩体支顶混凝土完工后照片（二）

B.1.6　W7危岩体

W7危岩体原状照片

W7危岩体脚手架加固施工照片（一）

W7危岩体脚手架加固施工照片（二）

W7危岩体脚手架加固施工照片（三）

W7 危岩体脚手架照片（一）

W7 危岩体脚手架照片（二）

W7 危岩体裂隙及浮土碎石清理照片

W7 危岩体裂隙封闭照片

附录 B　三游洞摩崖抢险加固工程项目施工过程照片集

W7 危岩体裂隙灌浆照片

W7 危岩体钻孔施工照片（一）

W7 危岩体钻孔施工照片（二）

W7 危岩体钻孔施工照片（三）

W7危岩体钻孔施工照片(四)

W7危岩体锚头开凿照片(一)

W7危岩体锚头开凿照片(二)

W7危岩体锚垫板及钢筋照片

附录 B 三游洞摩崖抢险加固工程项目施工过程照片集

W7 危岩体锚头封锚照片

W7 危岩体支顶混凝土施工照片(一)

W7 危岩体支顶混凝土施工照片(二)

W7 危岩体支顶混凝土施工照片(三)

W7 危岩体完工后照片

B.1.7　W8 危岩体

W8 危岩体脚手架搭设照片　　　　　　W8 危岩体清理施工照片

附录 B　三游洞摩崖抢险加固工程项目施工过程照片集

W8 危岩体杂乱植被清理照片

W8 危岩体杂乱植被清理后施工照片

W8 危岩体清理施工照片

W8 危岩体裂隙清理封闭施工照片（一）

157

W8 危岩体裂隙清理封闭施工照片(二)   W8 危岩体裂隙清理封闭施工照片(三)

B.1.8　W9、W10 危岩体

W9 危岩体原状照片   W10 危岩体原状照片

附录 B　三游洞摩崖抢险加固工程项目施工过程照片集

悬挑脚手架施工作业照片（一）

悬挑脚手架施工作业照片（二）

悬挑脚手架施工作业照片（三）

悬挑脚手架施工作业照片（四）

悬挑脚手架施工作业照片（五）

悬挑脚手架施工作业照片（六）（斜撑）

悬挑脚手架施工作业照片（七）

悬挑脚手架施工作业照片（八）（斜撑）

悬挑脚手架施工作业照片（九）

悬挑脚手架施工作业照片（十）

附录 B　三游洞摩崖抢险加固工程项目施工过程照片集

悬挑脚手架施工作业照片(十一)

悬挑脚手架施工作业照片(十二)

悬挑脚手架施工作业照片(十三)

悬挑脚手架施工作业照片(十四)

悬挑脚手架施工作业照片(十五)　　悬挑脚手架施工作业照片(十六)

悬挑脚手架完工后照片　　悬挑脚手架安全性压重检验照片

W9、W10危岩体浮土碎石清理作业照片(一)　　W9、W10危岩体浮土碎石清理作业照片(二)

附录 B　三游洞摩崖抢险加固工程项目施工过程照片集

W9、W10 危岩体浮土碎石清理作业照片（三）

W9、W10 危岩体浮土碎石清理作业照片（四）

W9、W10 危岩体浮土碎石清理作业照片（五）

W9、W10 危岩体浮土碎石清理作业照片（六）

W9、W10 危岩体浮土碎石清理作业照片（七）

W9、W10 危岩体浮土碎石清理作业照片（八）

W9、W10 危岩体浮土碎石清理作业照片（九）

W9、W10 危岩体浮土碎石清理作业照片（十）

W9、W10 危岩体成孔作业照片(一)

W9、W10 危岩体成孔作业照片(二)

W9、W10 危岩体成孔作业照片(三)

W9、W10 危岩体成孔作业照片(四)

W9、W10 危岩体成孔作业照片(五)

W9、W10 危岩体锚索作业照片(一)

W9、W10危岩体锚索作业照片(三)

W9、W10危岩体锚索作业照片(二)　　W9、W10危岩体裂隙清理作业照片

W9、W10危岩体锚索灌浆作业照片(一)　　W9、W10危岩体锚索灌浆作业照片(二)

附录 B 三游洞摩崖抢险加固工程项目施工过程照片集

W9、W10 危岩体锚头开凿作业照片（一）

W9、W10 危岩体锚头开凿作业照片（二）

W9、W10 危岩体锚头照片（一）

W9、W10 危岩体锚头照片（二）

W9、W10 危岩体完工后照片（一）

W9、W10 危岩体完工后照片（二）

B.1.9　W11 危岩体

W11 危岩体原状照片

W11 危岩体浮土碎石清理作业照片（一）

附录 B　三游洞摩崖抢险加固工程项目施工过程照片集

W11 危岩体浮土碎石清理作业照片(二)

W11 危岩体完工后照片

B.1.10　锚索加工

锚索加工作业照片(一)

锚索加工作业照片(二)

169

锚索加工作业照片(三)

锚索加工作业照片(四)

锚索加工作业照片(五)

锚索加工作业照片(六)

锚索加工作业照片(七)

锚索加工作业照片(八)

附录 B　三游洞摩崖抢险加固工程项目施工过程照片集

锚索加工作业照片（九）

锚索加工作业照片（十）

锚索加工作业照片（十一）

锚索加工作业照片（十二）

锚索加工作业照片（十三）

锚索加工作业照片（十四）

B.1.11　锚固浆液制作

浆液拌合照片(一)

浆液拌合照片(二)

浆液拌合照片(三)

浆液拌合照片(四)

B.1.12 锚索检测试验

抗拔试验照片(一)

抗拔试验照片(二)

抗拔试验照片(三)

抗拔试验照片(四)

灌浆试块照片(一)

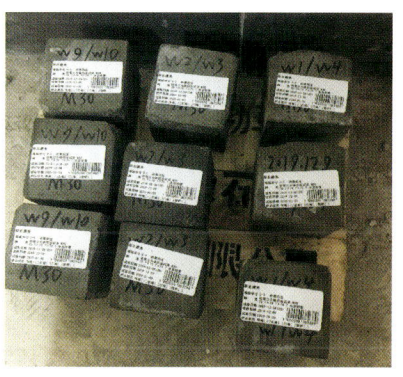

灌浆试块照片(二)

B1.13　工程区裂隙加固

J4 裂隙清理照片（一）

J4 裂隙清理照片（二）

J4 裂隙清理照片（三）

J4 裂隙清理照片（四）

附录 B　三游洞摩崖抢险加固工程项目施工过程照片集

J4 裂隙清理方量测量照片（一）

J4 裂隙清理方量测量照片（二）

J4 裂隙长度测量照片

W11 危岩体及邻近范围裂隙测量照片

危岩加固区内底部凹腔裂隙照片（一）

危岩加固区内底部凹腔裂隙照片（二）

W1 危岩体及 J3 裂隙长度测量照片（一）

W1 危岩体及 J3 裂隙长度测量照片（二）

危岩加固区崖壁裂隙封闭照片（一）

危岩加固区崖壁裂隙封闭照片（二）

危岩加固区崖壁裂隙封闭照片（三）

危岩加固区崖壁裂隙封闭照片（四）

B.2 新建被动防护网施工

破旧防护网拆除测量照片(一)

破旧防护网拆除测量照片(二)

被动防护网材料进场照片(一)

被动防护网材料进场照片(二)

新建被动防护网施工照片(一)

新建被动防护网施工照片(二)

新建被动防护网施工照片(三)

新建被动防护网施工照片(四)

新建被动防护网施工照片(五)

新建被动防护网施工照片(六)

新建被动防护网施工照片(七)

新建被动防护网施工照片(八)

附录 B　三游洞摩崖抢险加固工程项目施工过程照片集

新建被动防护网施工照片(九)

新建被动防护网施工照片(十)

新建被动防护网施工照片(十一)

新建被动防护网施工照片(十二)

新建被动防护网施工照片(十三)

新建被动防护网施工照片(十四)

新建被动防护网施工照片(十五)

新建被动防护网施工照片(十六)

新建被动防护网施工照片(十七)

新建被动防护网施工照片(十八)

新建被动防护网施工照片(十九)

新建被动防护网施工照片(二十)

新建被动防护网施工照片(二十一)

新建被动防护网施工照片(二十二)

附录 B　三游洞摩崖抢险加固工程项目施工过程照片集

 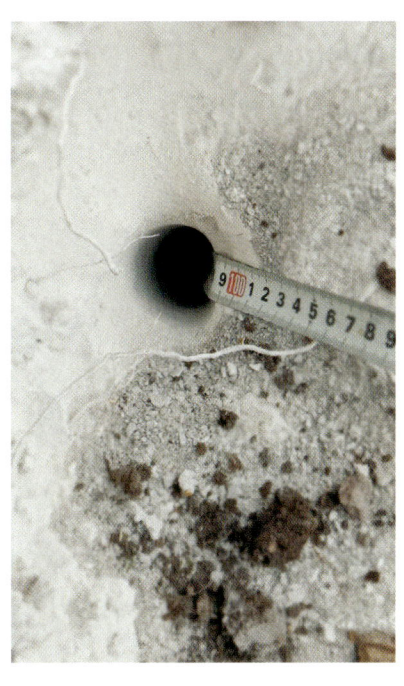

新建被动防护网基座植筋孔测量照片（一）　　　新建被动防护网基座植筋孔测量照片（二）

新建被动防护网基座植筋孔测量照片（三）　　　新建被动防护网基座植筋孔测量照片（四）

被动防护网完工后照片

B.3 水害治理工程

B.3.1 新建排水沟

原有破损排水沟清理照片(一)

原有破损排水沟清理照片(二)

原有破损排水沟清理照片(三)

原有破损排水沟清理照片(四)

原有破损排水沟清理照片（五）

排水沟基槽开挖作业照片

1#排水沟开挖作业照片（一）

1#排水沟开挖作业照片（二）

1#排水沟开挖作业照片(三)

1#排水沟混凝土浇筑作业照片(一)

1#排水沟混凝土浇筑作业照片(二)

1#排水沟混凝土拆模养护作业照片(一)

附录 B 三游洞摩崖抢险加固工程项目施工过程照片集

1#排水沟混凝土拆模养护作业照片(二)

1#排水沟混凝土拆模养护作业照片(三)

1#排水沟混凝土拆模养护作业照片(四)

1#排水沟混凝土拆模养护作业照片(五)

1#排水沟混凝土完工后照片(一)

1#排水沟混凝土完工后照片(二)

2#排水沟支模作业照片

2#排水沟完工后照片

3#排水沟支模作业照片

3#排水沟拆模作业照片

4#排水沟基槽开挖照片

4#排水沟混凝土浇筑作业照片

5#排水沟基槽开挖作业照片(一)

5#排水沟基槽开挖作业照片(二)

5#排水沟混凝土浇筑作业照片（一）

5#排水沟混凝土浇筑作业照片（二）

5#排水沟混凝土浇筑作业照片（三）

5#排水沟混凝土浇筑作业照片（四）

附录 B　三游洞摩崖抢险加固工程项目施工过程照片集

5#排水沟连接暗埋水管作业照片(一)

5#排水沟连接暗埋水管作业照片(二)

5#排水沟连接暗埋水管作业照片(三)

5#排水沟连接暗埋水管作业照片(四)

5#排水沟连接暗埋水管作业照片(五)

5#排水沟连接暗埋水管植被恢复照片

5#排水沟完工后照片(一)　　　　5#排水沟完工后照片(二)

B.3.2　山顶地面水平防渗

原地面园路拆除作业照片(一)　　　原地面园路拆除作业照片(二)

原地面园路拆除作业照片(三)　　　原地面园路拆除作业照片(四)

附录 B　三游洞摩崖抢险加固工程项目施工过程照片集

原地面园路拆除作业照片(五)

原地面园路拆除作业照片(六)

原地面园路拆除作业照片(七)

KW-1区土方开挖基岩面

膨润土防渗毯进场照片(一)

膨润土防渗毯进场照片(二)

膨润土防渗毯进场照片（三）

膨润土防渗毯进场照片（四）

KW-1区开挖作业照片（一）

KW-1区开挖作业照片（二）

附录 B 三游洞摩崖抢险加固工程项目施工过程照片集

KW-1区开挖作业照片(三)

KW-1区开挖作业照片(四)

KW-1区开挖作业照片(五)

KW-1区开挖作业照片(六)

KW-1区开挖作业照片(七)

KW-1区开挖作业照片(八)

193

KW-1区开挖作业照片（九）

KW-1区灌浆作业照片（一）

KW-1区灌浆作业照片（二）

KW-1区灌浆作业照片（三）

附录 B　三游洞摩崖抢险加固工程项目施工过程照片集

KW-2、3区开挖作业照片

KW-2、3区裂隙清理作业照片(一)

KW-2、3区裂隙清理作业照片(二)

KW-2、3区裂隙清理作业照片(三)

KW-2、3区裂隙清理作业照片(四)

KW-2、3区裂隙封闭灌浆作业照片(一)

KW-2、3区裂隙封闭灌浆作业照片(二)

KW-2、3区裂隙封闭灌浆作业照片(三)

KW-2、3区裂隙封闭灌浆作业照片(四)

KW-2、3区局部基岩石方清理作业照片

KW-2、3区土方过筛照片(一)

KW-2、3区土方过筛照片(二)

附录 B　三游洞摩崖抢险加固工程项目施工过程照片集

KW-2、3区防渗毯底层保护层夯实施工照片

KW-2、3区防渗毯铺设作业照片（一）

KW-2、3区防渗毯铺设作业照片（二）

KW-2、3区防渗毯铺设作业照片（三）

KW-2、3区防渗毯铺设作业照片（四）

KW-2、3区防渗毯铺设作业照片（五）

KW-2、3区防渗毯铺设作业照片（六）

KW-4区土方开挖作业照片(一)

KW-4区土方开挖作业照片(二)

KW-4区土方开挖作业照片(三)

KW-4区土方开挖作业照片(四)

KW-4区土方开挖作业照片(五)

KW-4区土方开挖作业照片(六)

附录 B　三游洞摩崖抢险加固工程项目施工过程照片集

KW-4区裂隙封闭灌浆作业照片（一）

KW-4区裂隙封闭灌浆作业照片（二）

-4区裂隙封闭灌浆作业照片（三）

KW-4区裂隙封闭灌浆作业照片（四）

KW-4区防渗毯铺设作业照片（一）

KW-4区防渗毯铺设作业照片（二）

KW-4区防渗毯铺设作业照片（三）

KW-4区防渗毯铺设作业照片（四）

KW-5区土石方开挖作业照片（一）

KW-5区土石方开挖作业照片（二）

KW-5区裂隙清理作业照片（一）

KW-5区裂隙清理作业照片（二）

附录 B　三游洞摩崖抢险加固工程项目施工过程照片集

KW-6区土石方开挖作业照片(一)

KW-6区土石方开挖作业照片(二)

KW-5、6区裂隙清理作业照片(一)

KW-5、6区裂隙清理作业照片(二)

KW-5、6区裂隙封闭灌浆作业照片(一)

KW-5、6区裂隙封闭灌浆作业照片(二)

KW-7、8区土方开挖作业照片(一)

KW-7、8区土方开挖作业照片(二)

KW-7、8区土方开挖作业照片(三)

KW-7、8区土方开挖作业照片(四)

KW-7、8区土方开挖作业照片(五)

KW-7、8区裂隙封闭灌浆作业照片

附录 B　三游洞摩崖抢险加固工程项目施工过程照片集

KW-7、8 区防渗毯铺设作业照片(一)

KW-7、8 区防渗毯铺设作业照片(二)

KW-7、8 区土方回填作业照片(一)

KW-7、8 区土方回填作业照片(二)

KW-7、8 区土方回填作业照片(三)

KW-9区土方开挖作业照片（一）

KW-9区土方开挖作业照片（二）

KW-9区土方开挖作业照片（三）

KW-9区土方开挖作业照片（四）

KW-9区土方开挖作业照片（五）

KW-9区土方开挖作业照片（六）

附录 B　三游洞摩崖抢险加固工程项目施工过程照片集

KW-9 区裂隙清理封闭作业照片（一）

KW-9 区裂隙清理封闭作业照片（二）

KW-9 区裂隙灌浆作业照片（一）

KW-9 区裂隙灌浆作业照片（二）

KW-9区土方回填作业照片(一)　　　　　　KW-9区土方回填作业照片(二)

KW-10区土石方开挖作业照片(一)　　　　KW-10区土石方开挖作业照片(二)

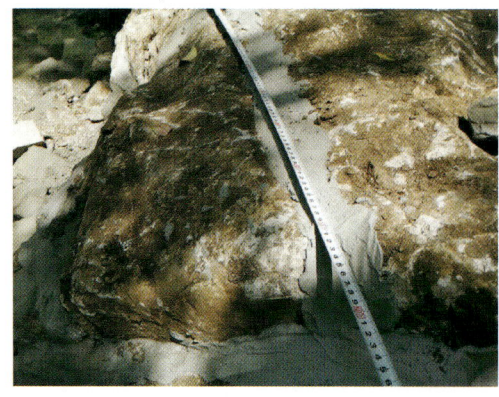

KW-10区裂隙封闭灌浆作业照片(一)　　　KW-10区裂隙封闭灌浆作业照片(二)

KW-10区裂隙封闭灌浆作业照片(三)

KW-11区土石方开挖作业照片(一)

KW-11区土石方开挖作业照片(二)

KW-11区土石方开挖作业照片(三)

KW-11区土石方开挖作业照片(四)

KW-11区土石方开挖作业照片(五)

KW-11区土石方开挖作业照片(六)

KW-11区裂隙灌浆作业照片(一)

KW-11区裂隙灌浆作业照片(二)

KW-11区裂隙灌浆作业照片(三)

KW-11区土方回填作业照片(一)

KW-11区土方回填作业照片(二)

B.3.3 新建龛檐

龛檐施工作业照片(一)

龛檐施工作业照片(二)

龛檐施工作业照片(三)

龛檐施工作业照片(四)

龛檐施工作业照片(五)

龛檐施工作业照片(六)

龛檐施工作业照片（七）

龛檐施工作业照片（八）

龛檐施工作业照片（九）

龛檐施工作业照片（十）

龛檐施工作业照片（十一）

龛檐施工作业照片（十二）

附录 B　三游洞摩崖抢险加固工程项目施工过程照片集

题刻"鬲凡"龛檐照片(一)

题刻"鬲凡"龛檐照片(二)

题刻"万方多难"龛檐完工后照片

题刻龛檐完工后照片

题刻"灵区"龛檐完工后照片

211

B.4　山顶防渗区景观恢复

草皮场内二次搬运照片

草皮铺种照片（一）

草皮铺种照片（二）

草皮铺种照片（三）

草皮铺种照片（四）

草皮铺种照片（五）

附录 B　三游洞摩崖抢险加固工程项目施工过程照片集

草皮铺种照片(六)

草皮铺种照片(七)

草皮铺种照片(八)

草皮铺种照片(九)

草皮铺种照片(十)

草皮铺种照片(十一)

草皮铺种照片(十二)

草皮铺种照片(十三)

213

草皮铺种照片(十四)

麦冬栽种照片(一)

麦冬栽种照片(二)

麦冬栽种照片(三)

草皮浇水养护照片

葱兰栽种照片(一)

葱兰栽种照片(二)

园路恢复照片(一)

园路恢复照片(二)

B.5 安全文明施工

料场地面整平照片(一)

料场地面整平照片(二)

料场地面整平照片(三)

料场地面整平照片(四)

"五牌一图"照片(一)　　　　　　"五牌一图"照片(二)

料场美化照片(一)　　　　　　料场美化照片(二)

作业说明牌和警示牌照片(一)　　　　　　作业说明牌和警示牌照片(二)

 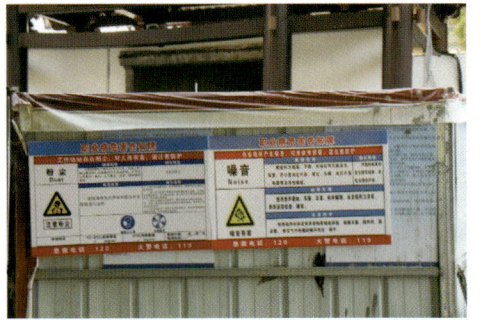

职业健康宣传照片(一)　　　　　　职业健康宣传照片(二)

附录 B　三游洞摩崖抢险加固工程项目施工过程照片集

危岩加固区封闭照片（一）

危岩加固区封闭照片（二）

危岩加固区封闭照片（三）

危岩加固区封闭照片（四）

危岩加固区封闭照片（五）

危岩加固区封闭照片（六）

危岩加固区封闭照片(七)

危岩加固区封闭照片(八)

危岩加固区封闭照片(九)

山顶防渗施工区围护封闭照片(一)

山顶防渗施工区围护封闭照片(二)

山顶防渗施工区围护封闭照片(三)

山顶防渗施工区围护封闭照片(四)

安全用品(一)

附录 B　三游洞摩崖抢险加固工程项目施工过程照片集

安全用品(二)

文物保护照片(一)

文物保护照片(二)

文物保护照片(三)

文物保护照片(四)

219

文物保护照片（五）　　　　　　　　　　　文物保护照片（六）

文物保护照片（七）　　　　　　　　　　　文物保护照片（八）

B.6　其他

W8外侧危岩体清理作业照片（一）　　　　W8外侧危岩体清理作业照片（二）

附录 B　三游洞摩崖抢险加固工程项目施工过程照片集

W8 外侧危岩体清理作业照片（三）

W8 外侧危岩体清理作业照片（四）

W8 外侧危岩体清理作业照片（五）

W8 外侧危岩体清理作业照片（六）

题刻"今古奇观"上方浮土碎石清理照片（一）

题刻"今古奇观"上方浮土碎石清理照片（二）

题刻"今古奇观"上方浮土碎石清理照片（三）

题刻"今古奇观"上方浮土碎石清理照片（四）

题刻"今古奇观"上方浮土碎石清理照片（五）

题刻"今古奇观"上方浮土碎石清理照片（六）

题刻"今古奇观"上方浮土碎石清理照片（七）

题刻"今古奇观"上方浮土碎石清理照片（八）

附录 B　三游洞摩崖抢险加固工程项目施工过程照片集

题刻"今古奇观"上方平台挡墙砌筑照片(一)

题刻"今古奇观"上方平台挡墙砌筑照片(二)

题刻"今古奇观"上方平台挡墙砌筑照片(三)

题刻"今古奇观"上方平台挡墙砌筑照片(四)

山顶地面挡墙砌筑施工作业照片(一)

山顶地面挡墙砌筑施工作业照片(二)

223

山顶地面挡墙砌筑施工作业照片（三）

山顶地面挡墙砌筑施工作业照片（四）

山顶地面挡墙砌筑施工作业照片（五）

山顶地面挡墙砌筑施工作业照片（六）

石栏杆进场照片

石栏杆安装照片（一）

石栏杆安装照片（二）

石栏杆安装照片（三）

石栏杆安装照片(四)

石栏杆安装照片(五)

石栏杆完工后照片

仿木混凝土栏杆安装照片(一)

仿木混凝土栏杆安装照片(二)

仿木混凝土栏杆完工后照片

场内二次搬运照片(一) 　　　　　　场内二次搬运照片(二)

设计交底会议照片 　　　　　　专家咨询现场查勘照片

专家咨询会议照片 　　　　　　公司检查照片(一)

附录 B　三游洞摩崖抢险加固工程项目施工过程照片集

公司检查照片(二)